AVALIAÇÕES
MAIS
CRIATIVAS

Dados Internacionais de Catalogação na Publicação (CIP)
(Câmara Brasileira do Livro, SP, Brasil)

Silva, Solimar
  Avaliações mais criativas : ideias para trabalhos nota 10! / Solimar Silva. – Petrópolis, RJ : Vozes, 2018.
  Bibliografia.

  4ª reimpressão, 2025.

  ISBN 978-85-326-5744-2

  1. Aprendizagem – Avaliação 2. Criatividade 3. Didática 4. Educação – Finalidade e objetivos 5. Pedagogia 6. Sala de aula – Direção I. Título.

18-13203   CDD-370.7

Índices para catálogo sistemático:
1. Didática : Ensino : Educação   370.7

SOLIMAR SILVA

AVALIAÇÕES MAIS **CRIATIVAS**

IDEIAS PARA TRABALHOS NOTA 10!

EDITORA VOZES

Petrópolis

© 2018, Editora Vozes Ltda.
Rua Frei Luís, 100
25689-900 Petrópolis, RJ
www.vozes.com.br
Brasil

Todos os direitos reservados. Nenhuma parte desta obra poderá ser reproduzida ou transmitida por qualquer forma e/ou quaisquer meios (eletrônico ou mecânico, incluindo fotocópia e gravação) ou arquivada em qualquer sistema ou banco de dados sem permissão escrita da editora.

CONSELHO EDITORIAL

Diretor
Volney J. Berkenbrock

Editores
Aline dos Santos Carneiro
Edrian Josué Pasini
Marilac Loraine Oleniki
Welder Lancieri Marchini

Conselheiros
Elói Dionísio Piva
Francisco Morás
Teobaldo Heidemann
Thiago Alexandre Hayakawa

Secretário executivo
Leonardo A.R.T. dos Santos

PRODUÇÃO EDITORIAL
Aline L.R. de Barros
Anna Catharina Miranda
Eric Parrot
Jailson Scota
Marcelo Telles
Mirela de Oliveira
Natália França
Priscilla A.F. Alves
Rafael de Oliveira
Samuel Rezende
Verônica M. Guedes

Editoração: Flávia Peixoto
Diagramação: Sheilandre Desenv. Gráfico
Revisão gráfica: Fernando Sergio Olivetti da Rocha
Capa: Estúdio 483

ISBN 978-85-326-5744-2

Este livro foi composto e impresso pela Editora Vozes Ltda.

Dedico este livro aos professores que buscam constantemente repensar a sua prática e, abertos a novas ideias, sempre perguntam: *Por que não?*

Sumário

Apresentação, 9

Parte I – Apresentações acadêmicas, 17

1 Seminário, 19

2 Estudo dirigido, 26

3 Painel, 28

4 Simpósio, 31

5 Estudo de caso, 33

6 Debate, 36

7 Grupos de oposição, 38

8 Discussão em classe, 40

9 Elaboração de glossários, 43

10 Criação de pôsteres (digitais ou online), 45

11 Apresentação de resenhas de livros e filmes, 47

12 Relatório de viagens ou passeios, 49

13 Alunos monitores, 51

14 Cola na prova, 52

15 Criando o teste, 54

Parte II – Desafios, 57

1 Entrevista com especialistas, 59

2 Apresentação de telejornal, 61

3 Projetos com leitura de livros, 64

4 Portfólios digitais, 66

5 Vídeos individuais ou em grupo, 69

6 Gincana, 71

Parte III – Processos criativos, 75

1 Criação de paródias musicais, 77

2 Jogos (ou os *games*) educativos, 79

3 Criação de jornal (impresso ou online), 82

4 Levantamento de soluções de problemas, 84

5 Mapa mental, 91

6 Elaboração de mapas conceituais, 94

7 Criação e compartilhamento de um *blog* individual ou da turma, 97

8 Criação de livro (impresso ou digital) sobre um determinado tema ou assunto, 100

Sugestões de livros sobre avaliação, 103

Apresentação

Todas as manhãs meu filho e eu fazemos nossa oração matinal no carro, enquanto esperamos o motor esquentar o suficiente para dar a partida. Foi a vez dele proferir a prece. Naquela manhã de segunda-feira as palavras de encerramento da oração dele foram mais ou menos assim: "Que o Senhor me ajude a suportar a semana na escola". Assim que ele terminou, ainda intrigada, perguntei o que a escola precisava fazer para ser melhor e ele não precisar apenas "suportá-la". Ele disse que precisavam oferecer aulas de educação física todos os dias e sugeriu que as escolas ensinassem coisas interessantes para os alunos. Detalhe: ele estava com apenas seis anos! E só havia dois que ingressara na escola. É. Ela, a escola, já se mostrava detestável!

Na realidade, ela já se mostrara assim no ano anterior, em um episódio que me inspirou escrever o texto *Elefantes cinzas, elefantes rosas*, que você pode ler ao final desta apresentação. Só que a gente parece ignorar alguns sinais de que algo não vai bem.

Comecei a esboçar este livro enquanto escrevia o *50 atitudes do professor de sucesso*, isso há mais de três anos. Com o ritmo frenético de aulas, palestras, doutorado, divulgação dos meus outros livros e tempo para a família, o projeto foi sendo adiado. Até aquela manhã da tal oração.

Fiquei refletindo que, se meu filho, que mal ingressou no primeiro ano do Ensino Fundamental, já sofre com o mal-estar de uma educação sem sentido, o que imaginar quando ele atravessasse o vale sombrio das avaliações tradicionais, resumidas principalmente por provas e testes escritos, questões de múltipla escolha com "pegadinhas" e *ranking* de classificação dos melhores alunos com base nesses instrumentos!

Aliás, não preciso esperar oito ou dez anos para ver o resultado. Nossos alunos dos ensinos Fundamental e Médio – e até mesmo dos cursos superiores – já são mostra suficiente para verificarmos que essas avaliações não são o melhor caminho. Esses alunos estão há anos e anos se debatendo para sobreviver à cultura do "sempre foi assim" nas nossas escolas. Indico, a título de reflexão, que você assista às apresentações e entrevistas com o Professor José Pacheco, ex-diretor da Escola da Ponte, em Portugal, nas quais ele sempre afirma categoricamente: Provas não provam nada!

Ainda assim, o que geralmente vemos são testes, trabalhos e provas que privilegiam apenas a memorização e inteligências restritas à linguística e lógico-espacial, em detrimento das múltiplas inteligências, diversidade de aprendizagem e toda a gama de aprendizagem que o aluno traz consigo, ainda que empoeirada pelo desuso por tantos anos.

Avaliação muitas vezes é bicho-papão. Já sabemos disso. Jussara Hoffman, cujos livros sobre a temática eu recomendo, já debateu bastante sobre os mitos e desafios de uma avaliação no espaço escolar. Em seu livro *Avaliação: mito e desafio* ela mostra que as metáforas escolhidas pelas pessoas ao pensarem nessa palavra envolvem personagens como dragões, monstros de várias cabeças, guilhotina, túneis escuros, labirintos, carrascos etc. Segundo Hoffman, raramente a palavra é associada a imagens positivas.

O próprio significado da palavra avaliação é assustador. Em alguns dicionários lemos que avaliação significa *o valor determinado por quem avalia*. Ou, ainda, *a prática de averiguar, verificar, comparar determinado objeto para lhe conferir determinado valor*. Ou seja, o valor de quem produz algo é deixado de lado.

Só vale a palavra de quem está avaliando. Isso pode até funcionar para a avaliação de imóveis, de acordo com a lei da oferta e procura no mercado imobiliário de uma região. Mas será que ser avaliado na escola, isto é, ter seu valor determinado por quem avalia, pode realmente causar efeito positivo? Como se sentir confortável se seu valor será determinado por outra pessoa?

Já tive inúmeros alunos inteligentes que praticamente passavam mal nas semanas de provas e testes. É difícil ter de colocar no papel tudo o que você sabe, embora não tenha certeza de que aquele pedaço de papel A4 conterá, de fato, as perguntas que você sabe.

Não estou dizendo que o ato de avaliar seja algo ruim. No próprio texto bíblico, por exemplo, diz que ao final de cada dia Deus avaliou o resultado de seu trabalho e viu que era bom. Nós, professores, precisamos avaliar constantemente o nosso trabalho, traçando metas e alterando rotas para que possamos progredir rumo aos objetivos propostos. Contudo, muitas vezes, a avaliação nas escolas é uma via de mão única. Avaliamos o aluno, atribuímos notas de zero a dez ou conceitos de A a E, rotulamos os meninos e meninas como inteligentes, interessados, com dificuldades, relaxados ou coisas do gênero. E pronto!

Muitas vezes, a avaliação dos alunos parece não focar em seus resultados para que se verifiquem medidas possíveis de serem tomadas. Por diversas vezes a avaliação parece ter o único fim de rotular o próprio aluno, como afirmei acima. Avaliação se torna apenas ferramenta de medição de valor... do aluno. Em muitas escolas, avaliação vira sinônimo de testes e provas escritos. E só!

Tenho uma conhecida que tirava nota 10 em todas as disciplinas do Ensino Fundamental em sua época de estudante. Seu boletim era impecável, irretocável. Ela era a menina tímida que quase não fazia amigos, praticamente não abria a boca em sala de aula, tinha seu caderno organizado e arrasava em todas as provas que recebia, enchendo seus professores de orgulho. Seu boletim foi, no entanto, completamente inútil. Ela sabia responder às perguntas com respostas certas, tiradas de questionários feitos em vésperas de provas ou apenas aquelas previsíveis, para as quais bastava ter uma certa facilidade de memorização. As provas da escola não permitiam mais do que isso. Não faziam conexão com a vida real, necessidades futuras, não sugeriam solução de problemas, não incluíam o pensamento crítico, a criatividade, o surgimento de novos produtos. A avaliação, como ainda a vemos hoje em dia, limitava-se em despejar no papel o conteúdo passivamente assimilado durante as provas bimestrais.

O objetivo deste livro não é entrar na questão crucial de uma avaliação que seja inclusiva ou mediadora. Ou, ainda melhor, como Luckesi afirmou em seu livro *Avaliação da aprendizagem escolar*, um ato de amor. Este livro não pretende ser teórico sobre o assunto. Por isso, deixamos ao final algumas sugestões de leitura para quem deseja se aprofundar sobre o tema, a fim de refletir e mudar sua prática.

A proposta deste livro é sugerir possibilidades múltiplas de critérios e instrumentos avaliativos que explorem mais a criatividade e proponham desafios instigantes aos alunos. Avaliar não é o problema. É como o fazemos que precisa ser repensado.

Alguns verbos positivos podem estar relacionados ao verbo avaliar. Alguns sinônimos envolvem: apreciar, qualificar, considerar, imaginar, aquilatar, ponderar, conjecturar, crer, investigar. Avaliar pode significar apreciar o mérito, a qualidade.

Acho a palavra apreciar o máximo. Embora traga em seu bojo a ideia de avaliação, como já discutido anteriormente aqui neste livro, significa também prezar, dar apreço. Então, avaliar, em minha opinião, pode ser sinônimo de valorizar.

Portanto, neste livro, apresento sugestões de trabalho, provas e testes que podem fazer com que as avaliações sejam nota

10. Significam uma proposta de saída de avaliações tradicionais, jurássicas, às quais estamos tão habituados e que já nos mostram há anos que não servem muito como medida de diagnóstico. Vários professores dão uma prova escrita já sabendo qual será o resultado de sua turma. Já sabem quem irá se sair bem e quem entregará a prova em branco. Então, para que aplicar provas, afinal de contas?

Em uma pesquisa que fiz para um outro livro, *O professor criativo*, várias pessoas responderam que nenhum (ou quase nenhum) professor que tiveram na educação básica utilizou qualquer método criativo de avaliação que passasse do tradicional tripé teste-prova-trabalho escrito. Este último, geralmente em folhas de papel-almaço, em que os alunos copiavam de livros. Agora, só imprimem direto de sites de busca. Ou trabalhos em cartolinas, como cartazes; em alguns casos, maquetes. Só!

Parece lugar-comum dizer que estamos em uma nova era e que novas formas de ensinar e aprender precisam ser exploradas. Com a força das Metodologias Ativas no processo de ensino-aprendizagem, é necessário pensarmos em como realmente colocar o aluno no centro do processo. Seus saberes precisam ser explorados em sua totalidade, suas diversas inteligências e competências, aproveitadas. O professor precisa repensar sua própria prática e buscar por mudanças constantemente. É necessário que as avaliações nos ajudem a conhecer mais desse aluno do que meramente sua letra em um pedaço de papel, no qual fazemos perguntas muitas vezes cansados demais até mesmo para pensarmos sobre elas. Urge que a avaliação seja sinônimo de apreciação para todos.

Cabe dizer que *Avaliações mais criativas* tem por objetivo dar aquela agitada na sala de aula, no sentido de propor trabalhos mais significativos e que proporcionem maiores possibilidades de engajamento e criatividade dos alunos. As atividades estão divididas em três categorias, com o fim de auxiliar o professor a encontrar as atividades mais facilmente. Contudo, há trabalhos classificados em uma categoria que podem perfeitamente se encaixar em outra. Busquei organizá-los em uma categoria predominante.

Talvez no início de uma proposta inovadora o professor se depare com o caos, frustração e mesmo inércia dos alunos. Muitos não estão habituados a ter sua criatividade desafiada e convidada a participar das avaliações. Afinal, passaram anos sendo tratados apenas pelo aspecto cognitivo; muitas vezes nem isso, quando simplesmente eram solicitados a marcar X ou a encontrá-los nas questões de matemática.

Não desanime. Lembre-se de que um avião despende muito mais energia e combustível nos instantes iniciais, antes de decolar. Vencer a inércia é desafiador. Contudo, como sabemos, vencida esta etapa, fica muito mais fácil.

Então, pronto para tirar a avaliação do papel e fazer pra valer?

Para refletir um pouco mais...

ELEFANTES CINZAS, ELEFANTES ROSAS

Meu filho só tem cinco anos e já sabe o que a escola espera dele: que siga os padrões e se aperte, se ajeite para caber no formato que desejam, que obedeça às ordens para poder brincar no parquinho depois. E que não seja criativo para não ter problemas com a professora.

Todos os seus deveres de casa têm desenhos, os quais ele obrigatoriamente precisa pintar. Não adianta apenas escrever os nomes, colocar as quantidades, completar com as letrinhas que faltam, escrever os números. Não. Pintar é atividade obrigatória. Se esquecer, a professora devolve para casa com bilhete: incompleto. Não, ele não pode escolher se vai ou não pintar. Suspiro sem falar nada. Eu achava chato demais ter de pintar, quando eu era criança. Nunca gostei dessa atividade. Aliás, não entendo o estrondoso sucesso de livros para colorir para os adultos. Eu achava perda de tempo. Não me "desestressava"; pelo contrário. Contudo, preciso dar exemplo (de obediência) para meu filho. Preciso? Sim, o papel da escola parece ser o de formar pessoas obedientes, e a família precisa contribuir com a sua parte – embora a gente diga bonito no discurso que o papel da escola seja formar o cidadão crítico-reflexivo...

Já que o menino tem de pintar, não tem jeito. Vamos ao trabalho. Então, ele tem à disposição vários materiais para colorir. Bastante tinta guache, giz de cera variado, cola colorida, canetinhas de vários tamanhos e, claro, muitos lápis de cor. Poderíamos fazer uma festa na hora da pintura com tanto material disponível. Poderíamos, mas não podemos. Ele não pode escolher com o que pintar. Um dia, sem se lembrar dessa regra, ele pintou com giz de cera. Ficou lindo. A coordenação motora e a paciência dele são melhores do que as minhas. Sem um borrão, tudo pintado com capricho. Mas, no dia seguinte, a professora ralhou com ele. Só pode pintar com lápis de cor.

Dias desses, em uma atividade de contar e escrever os numerais, havia vários desenhos de bichos – para ele obrigatoriamente pintar. Para cada animal vinha uma pergunta: "Mãe, posso pintar a tartaruga de verde?" ou "Posso pintar o leão de amarelo-queimado, porque é o que mais parece com a cor dele?" Eu só respondia: "Filho, o dever é seu. Pinte como sua imaginação mandar. Use sua criatividade!"

E ele, obediente, pintava tartarugas verdes, leões de amarelo-queimado.

Pouco depois, ele entrou em pânico. Não tem lápis de cor cinza para pintar o elefante! Ora, filho, pinte de qualquer cor. Por que não pinta o elefante de rosa? Ele riu. Achou engraçado. Disse que seria bom pintar o elefante de rosa. Mas não podia, "porque a tia vai brigar. Tem que pintar da cor que as coisas são", foi a resposta.

Eu imaginei um varal com os desenhos dos alunos. Tudo igual. Tartarugas verdes, leões marrom-claro (embora meu filho afirme que o leão seja dourado) e elefantes cinzas, enquanto minha imaginação queria um festival de cores, texturas, pince-ladas, dedinhos sujos, risos felizes, carinhas ansiosas para que suas obras de arte fossem apreciadas... Lógico que meu filho sabe que os elefantes são cinzas na vida real (pelo menos os que ele viu até agora). O que ele precisa, no entanto, é que a escola não mate e coloque em extinção seus elefantes cor de rosa!

PARTE I

Apresentações acadêmicas

1
Seminário

O que é

Podemos começar a entender um seminário a partir do que ele não é. Isso porque, em minha prática no magistério há mais de vinte anos, tenho visto muitas pessoas apresentarem outros trabalhos, mas chamarem-nos de *seminário*, apenas quando é o aluno que faz a exposição, ao invés do professor.

Então, seminário não é uma aula expositiva ou palestra dada pelo aluno. Já é um bom começo deixar clara essa noção. Não basta o aluno ou, como é de praxe acontecer, um grupo de alunos, ir à frente da turma com ou sem material audiovisual e falar no lugar do professor. Também não é seminário a apresentação fragmentada de uma obra ou assunto, em que cada componente faz a mera exposição da "sua parte". Também não se resume a uma leitura de texto previamente determinado.

Como pode ser realizado

A organização do seminário inclui pesquisa, discussão e debate no grupo que vai apresentar. O objetivo dele não é apenas passar para o professor o assunto estudado. Pelo contrário, pressupõe que os demais alunos também possam se beneficiar da apresentação.

Geralmente os organizadores de um seminário apresentam o tema que receberam, acompanhado de um texto de apoio recebido por quem apresenta e quem assiste, e buscam trocar ideias com os participantes e utilizar recursos hipermidiáticos variados para dar suporte à apresentação. Esses recursos podem ser figuras, mapas, artigos de jornais ou revistas, vídeos, entre outras possibilidades de suporte.

O professor pode escolher que o seminário seja apresentado individualmente ou em grupo, conforme o tamanho de sua turma. No caso de o assunto ser dividido em temas menores, para contemplar cada participante do grupo, deve-se ter cuidado para o subtema não se reduzir a um fragmento ilógico. Além disso, deve-se evitar a ideia de que cada um é apenas responsável por "sua parte" no assunto, visto que o ideal é que todos os organizadores do seminário tenham ideia do todo, sob pena de as informações ficarem descontextualizadas, sem nexo ou sem continuidade na ausência de um dos integrantes.

Há autores que sugerem que, além do grupo expositor, haja o grupo comentador, responsável por questionar, aprofundar a apresentação. Acho importante que todos os participantes façam parte desse grupo de questionadores. O que tenho visto é que alunos, mesmo universitários, não fazem sua parte pesquisando, lendo sobre o assunto de um outro grupo. Eles ainda têm a mentalidade retrógrada de que só o professor é o detentor do saber e menosprezam essas oportunidades de apresentações para se beneficiarem delas. Então, no dia da apresentação de determinado grupo, o que acontece é que o debate, principal objetivo dos seminários, acaba não acontecendo. Às vezes vira praticamente um diálogo apenas entre o grupo que faz a apresentação e o professor que faz algumas intervenções.

Creio que mudar essa mentalidade deve ser objetivo desde a educação básica, por meio de propostas que, ainda que em menor escala, favoreçam o desenvolvimento de hábitos de fazer perguntas, questionar e refletir.

Abro parênteses aqui para contar uma experiência.

Há poucos anos, a universidade onde leciono recebeu um grupo de alunos universitários chineses em intercâmbio patrocinado por um banco internacional. Várias atividades foram programadas, incluindo palestras, visitas a empresas parceiras da universidade e apresentações culturais. Duas coisas me chamaram muito a atenção em uma das visitas.

Primeiro, os alunos sempre faziam perguntas em quaisquer apresentações. Sempre. Houve uma apresentação em uma das empresas que foi um fiasco: sala quente, apertada, equipamento de som que não funcionou adequadamente e palestrante monótono. Muitos dos nossos alunos, mesmo do nível superior, sacariam seus celulares e ficariam no *WhatsApp*, isso se não saíssem da sala. Quando acabou a palestra, alguns de nós estávamos simplesmente aliviados. Mas, ao final, vários alunos fizeram perguntas. Muitas perguntas inteligentes, interessantes, mostrando que haviam prestado atenção à exposição e, melhor do que isso, demonstrando profundo respeito pela pessoa que se preparou para fazer a apresentação.

Isso se repetiu em todas as atividades. Eles sempre faziam perguntas e ampliavam a discussão, aprofundavam um tópico, olhavam de uma forma diferente para algum item da discussão.

O segundo ponto que despertou meu interesse foi exatamente a conclusão da visita daqueles jovens. Ao final do período em que ficaram no Brasil, aqueles alunos precisaram fazer uma apresentação criativa, em equipe, de todas as coisas que haviam visto e aprendido, perante uma banca examinadora de professores de sua universidade e das universidades participantes. Vídeos, danças e paródias eram alguns dos ingredientes dessas apresentações. Eles eram instigados o tempo inteiro a aprender a aprender, e a fazer isso criativamente!

Vale lembrar que essa experiência serve para todos os contextos, não só nas apresentações de seminários e tampouco apenas para o nível superior. Precisamos preparar nossos alunos para fazer perguntas nas apresentações dos colegas e acabar com aquele combinado que não inspira a crescer: "Eu não pergunto no seu trabalho e você não pergunta no meu!"

Fecho parênteses agora. A ideia é deixar a questão aberta a reflexões.

Há vários livros, vídeos e textos disponíveis até mesmo na internet e que podem servir de orientação mais detalhada a respeito da organização de um seminário. Aqui apresento apenas linhas gerais, para que o professor possa se inspirar e buscar adaptar dentro da disciplina que leciona e da realidade onde se encontra. Nos tópicos a seguir menciono as etapas básicas de um seminário, bem como as possíveis formas de avaliação desse trabalho.

Etapas

O coordenador do seminário, geralmente o professor, dependendo do contexto de ensino, indica a leitura a ser feita, o assunto a ser estudado, dividindo os grupos e escolhendo os possíveis líderes. (Há literatura sobre o assunto que vai apontar os componentes do seminário – o coordenador, o organizador, o relator, o secretário, o comentador e os debatedores. Nosso objetivo aqui foi o de apresentar a ideia adaptada e mais simples. Sugiro que o professor se aprofunde acerca da estrutura de um seminário para conhecer esses atores, se assim o desejar.)

O grupo pode se autogerenciar, escolhendo os atores do seminário e organizando como será feito o trabalho de pesquisa. Em seguida, marcam e participam de reuniões para determinar o fio condutor da discussão, analisar o material coletado por todos e a divisão do tema em tópicos, bem como buscam convergir as diferentes ideias dos vários autores pesquisados e organizam um texto. Se o professor desejar, o trabalho pode ser entregue por escrito, de acordo com as normas da ABNT, já em formato acadêmico, com introdução, desenvolvimento do conteúdo, considerações finais e referências bibliográficas. Pode-se optar por um trabalho um pouco menos formal, de acordo com os objetivos do professor para a sua turma.

No dia da apresentação, os grupos ou o grupo do dia devem apresentar os resultados utilizando recursos audiovisuais ou escritos. Se houver a figura do comentador, este, após a exposição, intervém com críticas e questionamentos. A turma toda participa da discussão e do debate, indagando, questionando, inclusive refutando informações, com base também em suas próprias pesquisas.

Por fim, o coordenador do seminário, ou alguém escolhido pelo professor, apresenta um resumo da apresentação, concluindo o trabalho e avaliando o seminário.

Como avaliar

Creio que já deu para perceber, ainda que aqui o seminário seja apresentado brevemente, o quanto dá trabalho para organizar e apresentar um bom seminário. Assim, a avaliação, a meu ver, não pode recair apenas sobre o resultado final, mas sobre todo o processo. Por isso, o professor que precisar atribuir uma nota a esse trabalho poderá combinar pequenas entregas do grupo antes da apresentação, além de estabelecer critérios quanto à avaliação do seminário em si.

Uma dessas entregas pode ser o roteiro do seminário, no qual os alunos apresentam o plano de trabalho e o texto escrito contendo introdução, desenvolvimento e considerações finais.

É importante orientar o aluno para a escrita objetiva da introdução, que dê um panorama geral do trabalho, além de ensiná-los a dividirem o desenvolvimento em unidades ou capítulos menores, principalmente parafraseando as informações, ao invés de meramente copiá-las na íntegra. Os alunos precisam atentar para sempre indicarem corretamente a autoria das obras consultadas. Por fim, na conclusão, os alunos escrevem suas interpretações pessoais com base no que foi apresentado. Convém que eles tenham vozes próprias, para não meramente repetirem a opinião dos autores consultados.

O professor pode avaliar cada uma dessas etapas ou considerar o roteiro como um só produto a ser entregue pelo aluno para avaliação antes de sua apresentação. Nesse trabalho escrito o professor pode observar o planejamento, a ordenação dos assuntos, os recortes e os enfoques dados como pontos relevantes passíveis de avaliação.

Quanto à apresentação oral, o professor pode considerar avaliar como o grupo se organizou na frente da turma, que tipo de vocabulário foi utilizado, de que maneira os integrantes se relacionaram com a turma, que materiais foram levados para a apresentação, bem como a qualidade e a relevância desses materiais.

Por fim, o professor também pode compartilhar essa responsabilidade de atribuir uma nota com os próprios alunos. Isso pode ser feito desde a sugestão de uma autoavaliação pelos próprios organizadores dos seminários, bem como a indicação de um grupo de alunos que ficará responsável para avaliar, apresentando justificativas para o embasamento da nota atribuída. Em ambos os casos, sempre é aconselhável que os alunos tenham um roteiro básico do que devem avaliar nas apresentações.

Abaixo apresento uma tabela simples como sugestão de como avaliar o seminário. Convém que os critérios, bem como a nota e o peso de cada um, sejam previamente apresentados ou mesmo negociados com os alunos.

Tabela 1 Sugestão de avaliação de um seminário

Seminário: _____	Disciplina: _____	Turma: _____
Assunto: _____	Data: ___ / ___ / ___	Nota final: _____
	Critérios	**Grau atribuído**
Parte escrita:		
	Correção	
	Relevância	
	Referências bibliográficas	
Parte oral:		
	Organização do grupo	
	Linguagem utilizada	
	Materiais adicionais	
	Respostas a perguntas	

2
Estudo dirigido

O que é

O estudo dirigido é uma técnica de ensino-aprendizagem e que pode muito bem servir como avaliação mais criativa e significativa. Ele parte do princípio de que o professor é um mediador do processo de ensino-aprendizagem, incentivando o aluno, proporcionando oportunidade para que este aprenda a aprender.

O objetivo principal da atividade é a reflexão do aluno, provocando sua criatividade e necessidade de inventar, visto que os alunos devem buscar modos distintos para resolver a tarefa, a questão ou o problema que lhe foram propostos. Acrescente-se que o estudo dirigido pode fazer com que os alunos verifiquem sua aprendizagem, identifiquem possíveis lacunas e busquem aprender com a proposta feita, de acordo com seu próprio ritmo. Também pode servir à aquisição ou melhora nos hábitos de estudo do aluno, proporcionar maior integração e combinação dos diversos assuntos estudados e auxiliar o professor no atendimento das necessidades individuais de seus alunos.

Como pode ser realizado

Essa atividade pode ser realizada em sala de aula, dentro de um tempo estipulado, ou como tarefa para casa, individualmente ou em grupo. Em sala é importante que o professor esclareça dúvidas e oriente os alunos, conforme a necessidade.

O estudo dirigido realizado pelo professor pode conter diversos tipos de tarefas, como: ler e interpretar um texto com roteiro de perguntas, realização e observação de experimentos, de acordo com etapas prévias e fazendo anotações do que se está observando até a sua finalização; assistir a um filme, documentário ou outro tipo de vídeo, anotando pontos principais, respondendo a um questionário ou buscando informações específicas; comparar diversas imagens diferentes, estabelecendo pontos de convergência ou divergência entre elas; resolver desafios; expressar-se por escrito acerca de uma apresentação, seja texto escrito, vídeo, arte etc.

Como avaliar

O professor pode avaliar o resultado final do estudo dirigido ou cada etapa percorrida pelo aluno. Em turmas maiores, a primeira opção torna-se mais viável. De qualquer forma, o estudo dirigido se mostrará não apenas como uma forma útil e diferente de avaliar, mas também como uma outra ferramenta de aprendizagem para o próprio aluno.

3
Painel

O que é

O painel é um tipo de trabalho que pode ser bastante proveitoso, mesmo entre os alunos da educação básica. Em um painel há uma discussão informal entre pessoas selecionadas, geralmente especialistas em um determinado assunto, ou mesmo pessoas interessadas ou afetadas pelo problema ou assunto abordado no painel. O ideal é que haja pontos de vista contrários representados, a fim de proporcionar maior diversidade ao debate.

Esse tipo de trabalho permite a apresentação de um tema de uma forma mais ativa e menos monótona. Afinal, os alunos que não participarem do painel poderão assistir a uma discussão informal entre os que participam do trabalho. Assim, isso desperta um interesse maior nos alunos do que a mera aula expositiva.

O painel pode funcionar com convidados externos e solicita-se aos alunos que produzam um relatório, resumo ou algum outro tipo de texto que reúna as principais ideias debatidas. Contudo, pode-se formar o painel com os próprios alunos da turma, especialmente a partir do Ensino Médio.

A finalidade principal do painel é auxiliar os alunos a analisarem diversos pontos de um tema ou problema. Embora possa ajudar também a chegar a conclusões ou até encontrar soluções para o problema debatido, esse não é o objetivo principal do painel.

Como pode ser realizado

Para organizar um painel na própria sala de aula, seu tema pode ser sugerido pelo professor ou escolhido pela turma. Em seguida, elege-se um moderador ou coordenador do painel, a fim de que a tarefa seja organizada. Essa organização inclui o tempo para cada aluno que participará do painel, bem como o tempo para perguntas da plateia. Também determina-se o formato do painel, que pode iniciar com cada participante fazendo uma breve exposição sobre seu ponto de vista acerca do assunto abordado ou o próprio moderador iniciando o trabalho por meio de uma pergunta geral, que qualquer um dos membros convidados do painel poderá responder.

É importante destacar que, pelo menos na sala de aula, os componentes que apresentarão o painel poderão estar sentados diante da turma, organizada em forma de miniauditório. Essa organização facilita a ideia do painel como um debate, uma discussão, tirando a impressão de ser uma aula expositiva ou apresentação de trabalho em grupo, mais comuns em nossas salas de aula.

Vale destacar que o moderador precisa apresentar o tema do painel e o objetivo de sua discussão; apresentar todos os membros do painel; explicar o funcionamento do trabalho, incluindo a duração de tempo para apresentação de cada um ou do painel completo e o período aberto para perguntas dos demais alunos.

É necessário destacar que a elaboração de um painel é algo trabalhoso e a participação dos alunos é melhorada com o hábito de fazermos atividades dessa natureza. Muitos de nossos alunos ainda assistem passivamente às aulas. Poucos de nós estimulamos o desenvolvimento de sua habilidade de expressão oral. Por isso, talvez seja necessário demonstrar exemplos de painel, começando com pequenos debates e dando *feedbacks* constantes aos alunos, a fim de que eles possam aprimorar suas apresentações futuras.

Além disso, conforme a maturidade dos participantes, tendo em vista o caráter da diversidade que se pretende que haja nas discussões, talvez valha a pena ressaltar as regras de convivência e de respeito às opiniões distintas.

Como avaliar

Uma sugestão para incentivar a maior participação dos alunos é atrelar parte da nota às contribuições individuais feitas durante os painéis dos demais grupos.

Obviamente, o professor pode incluir como critério de avaliação a profundidade das discussões, de acordo com as expectativas relacionadas ao ano de escolaridade ou à idade dos alunos.

Determinar com os próprios alunos os possíveis critérios e a própria pontuação já abre espaço para o diálogo e favorece que os alunos percebam a avaliação como algo mais justo.

4
Simpósio

O que é

O simpósio, talvez um pouco mais simples do que o painel, consiste em apresentações breves feitas por diversos alunos acerca de diferentes aspectos de um mesmo tema ou problema.

Como pode ser realizado

Ele pode ser realizado em um mesmo dia ou durante vários dias seguidos, quando cada aluno desenvolve um ponto do assunto abordado.

Para realizar um simpósio na turma o professor deve atribuir os diversos aspectos do tema aos alunos ou grupos. Então, marca o limite de tempo para cada exposição e orienta os alunos a respeito de bibliografia e possibilidades de estudos utilizando a internet, a fim de que os alunos possam conhecer ou se aprofundar mais acerca do tema.

É importante deixar claros os limites dos trabalhos para que não haja repetição de informações no dia da apresentação.

O professor pode moderar as apresentações, anunciando o tema, apresentando os responsáveis pela exposição. É importante que ele esclareça para os alunos que estarão na plateia que os expositores não devem ser interrompidos. Os demais alunos podem tomar notas, inclusive suas perguntas, para fazê-las ao final, quando for aberto o debate geral de todos os temas.

Como avaliar

As sugestões dadas para avaliações de seminário e painel são úteis para orientar o professor quanto ao estabelecimento de critérios de avaliação do simpósio.

5
Estudo de caso

O que é

Um estudo de caso consiste na apresentação de uma situação real ou fictícia para ser discutida em grupo. Pode ser apresentado como uma descrição, narração, diálogo, dramatização, sequência fotográfica, filme, artigo jornalístico, entre outras opções.

O objetivo é que os alunos possam ter contato com a realidade, ainda que estejam em sala de aula, visto que nem sempre podemos levar os alunos para observação da realidade em campo.

O estudo de caso é útil porque pode ser utilizado para vários objetivos, tais como motivar os alunos a pensarem possibilidades diversas de interpretação de um assunto, visto que o caso geralmente apresenta uma situação verossímil de conflito; desenvolver capacidade de análise e cientificidade; fixar conteúdos trabalhados ou novos conceitos; participar em grupo no levantamento de ideias e possível resolução de problemas; aprender a tomar decisões.

As fontes para a construção de um estudo de caso são variadas. A própria experiência do professor e mesmo as experiências dos alunos podem constituir fonte riquíssima para elaborar um estudo de caso. Além disso, pode-se aproveitar jornais e revistas, impressos ou digitais.

Como fazer

O passo a passo para aplicação de um estudo de caso na turma pode ser o sugerido abaixo. O professor pode fazer as adaptações que julgar necessárias, de acordo com a realidade da sua turma.

O professor propõe à turma o estudo de um determinado caso. Em seguida pede que os alunos tomem conhecimento desse caso, lendo as informações que o professor disponibilizar e buscando materiais extras, onde for possível fazê-lo em um breve período de tempo. Convém esclarecer aos alunos algo muito importante: o exercício não visa a uma única solução, uma resposta certa, como muitas vezes acontece em uma prova escrita. A proposta é analisar a dinâmica da situação e sugerir soluções alternativas variadas.

Os alunos, durante a leitura, devem anotar os fatos que julgarem mais relevantes e escreverem perguntas ou dúvidas que o caso possa suscitar.

Após o tempo determinado para a leitura e reflexão acerca do caso, o professor poderá iniciar a discussão em grupo questionando os alunos sobre o que chamou a atenção deles no caso estudado. É necessário que o professor esteja atento para dar a palavra a todos os que a solicitarem. Durante esse tempo o professor pode intervir, comentar ou mesmo fazer novas perguntas, provocando mais reflexões e possibilidades de respostas.

O ideal é que todos participem ativamente e que os conceitos que não estejam claros possam ser elucidados. Além disso, caso algum aluno mencione algum ponto mais complexo, o professor poderá sugerir que a turma se aprofunde na temática, dividindo-a em grupos e atribuindo um ponto, assunto ou aspecto para que esses grupos tenham tempo de debater o assunto.

Nessa fase de leitura do estudo de caso, debate entre os grupos e apresentação para a turma, com perguntas adicionais e condução do estudo pelo professor, convém que o docente não expresse sua opinião. Ainda vivemos o modelo tradicional, no qual a resposta dada pelo professor é considerada a certa. Então, os alunos podem ficar inibidos, achando que suas respostas estão erradas ou não são tão boas assim.

Ao final do tempo estipulado para a discussão, o professor pode fazer um resumo do que foi debatido ou sugerir que os próprios alunos o façam.

Como avaliar

Ressalte que não há resposta certa ou errada na atividade de estudo de caso. Contudo, é necessário perceber se os alunos lançaram mão dos diversos conteúdos possíveis sobre os quais o professor tenha trabalhado previamente, mas abrindo-se possibilidade para que os alunos possam ir além.

6
Debate

O que é

Muitas vezes estamos bastante preocupados com a produção escrita dos alunos, com trabalhos impecáveis que demonstrem organização, raciocínio, boa exposição de argumentos, consolidação do conteúdo estudado. Todavia, são mais raras as oportunidades de os alunos se expressarem, fazerem propostas ou críticas.

Dessa forma, o debate é uma forma de trabalho que pode complementar outras técnicas instrucionais e favorecer ao aluno a construção do seu próprio conhecimento, premissa básica das teorias mais modernas de aprendizagem nas quais o aluno está no centro desse processo.

Como pode ser realizado

Ao organizar um debate na sala de aula os alunos são dispostos em círculo, de forma que todos possam se ver e ouvir. O professor assegura a todos os alunos a oportunidade de falar, expor suas ideias. É muito importante que o professor tenha o manejo da turma para assegurar de volta a palavra, no caso de começar a haver monopólio da discussão ou divagações que fujam à proposta do debate.

Essa é uma técnica que exige planejamento prévio por parte dos alunos. Eles precisam saber como irá se desenvolver o trabalho e qual assunto será foco do debate. Para isso o professor deverá utilizar algumas aulas para mostrar vídeos de debates, ler com os alunos ou designar leituras, ou até mesmo orientá-los para essa atividade.

Como avaliar

Avaliar um debate pode ser tarefa hercúlea, principalmente se estamos mais preocupados com o processo da discussão, a qualidade das ideias compartilhadas e com a participação de um maior número de alunos. Contudo, o professor pode fazer pequenas anotações quando um aluno propuser alguma ideia, fazer perguntas ou contribuir com uma informação relevante para o debate do grupo.

Além disso, os alunos podem ser orientados a tomar nota e fazer uma síntese do debate, com os pontos que consideraram mais importantes, para apresentarem ao final da aula.

7

Grupos de oposição

O que é

Essa é uma forma de trabalho bastante útil, pois utiliza a competição de forma sadia, levando os alunos a buscarem maior conhecimento e aprofundamento nos assuntos estudados. Dessa maneira, torna-se uma das formas de fazer os alunos aprenderem a aprender.

Como podem ser realizados

A turma é dividida em dois grupos. Um desses grupos fica responsável por defender uma ideia, apresentar aspectos positivos ou vantagens, enquanto o outro tem a tarefa de atacar essa mesma ideia, apresentar os pontos negativos ou suas desvantagens.

O professor deve organizar o tempo para que haja dois momentos distribuídos com a mesma duração. Na primeira parte o grupo que apresenta a defesa fica responsável por fazer suas considerações. Em seguida, passa-se ao grupo que fará o ataque ou as críticas. Cada grupo fala somente na sua vez. Por isso, o professor deve servir de mediador ou convidar algum aluno que possa desempenhar bem esse papel, a fim de orientar e guiar a discussão. Ao final, faz-se uma síntese ou fechamento de tudo o que foi debatido.

Logicamente, esse é um trabalho que será mais produtivo se os grupos tiverem tempo de se organizarem e prepararem suas considerações.

Uma adaptação dessa técnica consiste em se formar um terceiro grupo, bem menor do que os dois que vão participar das apresentações antagônicas, para que os alunos desse pequeno grupo sejam os jurados, avaliando as apresentações e, finda a exposição de ambos os grupos, eles possam apresentar seu posicionamento, argumentando ou justificando suas escolhas.

Como avaliar

Conferir se os grupos cumpriram com seus papéis de defesa e oposição e se utilizaram bons argumentos em suas apresentações.

8

Discussão em classe

Há pouco tempo publiquei alguns artigos no meu perfil do Linkedin questionando sobre quando foi que paramos de fazer perguntas. Parece que muitos de nós perdemos a habilidade que as crianças têm de fazer perguntas. Uma criança de dois anos chega a fazer cerca de 500 perguntas por dia. E, pensando nas crianças, que perguntas elas fazem! Profundas, autênticas, reflexivas e observadoras, suas perguntas podem ser desde o porquê de o céu ser azul a como nascem os bebês; se tesoura é mulher do tesouro até o motivo pelo qual a lua "anda" com a gente.

Nós adultos nos acostumamos a respostas prontas, padronizadas; portanto, com perguntas mais quadradinhas. Os adultos e as escolas parecem não ajudar muito. E as crianças ouvem sempre a mesma resposta às suas mil e uma perguntas: "Para de perguntar tanto, moleque!" Ou, ainda: "Você pergunta demais. Vê se fica quieto! Isso não é assunto deste bimestre. Fique quieto e preste atenção na aula. Silêncio!"

E aí, pouco a pouco, ano a ano, em casa e na escola, as crianças vão desaprendendo a fazer perguntas. Essas, tão necessárias ao desenvolvimento da curiosidade, imaginação e criatividade, ficam esquecidas, enferrujadas, proibidas.

Voltaire já dizia que um homem deve ser julgado mais pelas suas perguntas do que por suas respostas. Atualmente parece que há muitas respostas disponíveis. Nossos alunos podem encontrá-las facilmente na internet, inclusive com perguntas que são sugeridas com a inteligência artificial dos mecanismos de busca. Entretanto, de que forma eles mesmos estão criando suas perguntas?

O que é

E, de certa forma, o que são os debates senão uma forma de perguntar mais acerca de um determinado assunto? Assim, a ideia abaixo é sobre como conduzir uma discussão, que também poderá servir como um momento avaliativo; seja percebendo a participação e contribuições de todos, seja observando a qualidade das perguntas apresentadas.

Como pode ser realizada

A seguir, listo cinco sugestões práticas para incentivar e promover mais discussões em sala de aula:

1) A maioria dos livros didáticos traz perguntas prontas para os alunos responderem. Que tal subverter a ordem e pedir que os alunos criem suas perguntas a partir de um determinado texto? Ou solicitar uma a duas perguntas adicionais, preferencialmente perguntas cujas respostas exijam mais pesquisa, e não apenas o "copiar e colar" do texto lido.

2) No início de sua aula apresente o tema ou tópico do dia, e, antes de qualquer leitura, vídeo ou outro material didático apresentado, peça que os alunos façam perguntas acerca do que gostariam de saber sobre aquele assunto. Para facilitar, pode-se levar uma caixa, na qual os alunos depositam as perguntas em tiras de papel, anonimamente.

3) Acostume os alunos a responderem a perguntas que induzam à reflexão. Perguntas abertas e que devam ser respondidas sem consulta ao livro, para "encontrar" a resposta, costumam ser eficazes. Além disso, sendo expostos a perguntas desse tipo,

eles podem internalizar como criar suas próprias perguntas mais abertas, abrangentes e que demonstrem reflexão.

Exemplos desse tipo de perguntas: "O que significa [determinada palavra ou conceito] na sua opinião?" "De que forma este objeto [assunto, tema, texto etc.] é semelhante ao que estamos aprendendo?" "Quais são os pontos semelhantes?" "O que é diferente?" "Como vocês definiriam [determinado assunto]?

Esteja aberto a todas as respostas, buscando mostrar interesse e respeito pelas contribuições dos alunos. Muitos deixam de participar na turma para não serem alvo de chacotas. Assim, mesmo as respostas incorretas devem ser apreciadas. O professor habilidoso buscará construir conceitos com base no que os alunos trazem.

4) Dar oportunidades de os alunos criarem perguntas para questionários de estudo, os quais podem ser compartilhados por todos os alunos. Essa tarefa pode ser feita em uma folha de papel, manuscrita, ou o professor pode solicitar que os alunos criem um documento ou questionário colaborativo, utilizando ferramentas digitais como, por exemplo, o Google Drive.

5) Sempre que possível, favorecer que a discussão seja guiada a partir dos questionamentos dos alunos, abrindo espaço para que eles verbalizem suas perguntas. É importante que eles ouçam suas próprias perguntas, saibam esperar a sua vez para falar, reflitam no que estão questionando e sejam ouvidos em sala de aula.

Como avaliar

A participação ativa dos alunos é o ponto crucial para a avaliação da discussão, seja respondendo ou mesmo criando perguntas oralmente ou por escrito.

9
Elaboração de glossários

O que é

Em geral, um glossário é simplesmente uma lista em ordem alfabética de termos de uma dada área do saber, contendo, ao lado, a definição desses termos. Ele contém explicações de conceitos, terminologias, palavras não usuais no cotidiano de todas as pessoas por, muitas vezes, restringirem-se a determinado campo. Há também os glossários bilíngues, configurados como uma lista de termos em uma língua e suas definições ou sinônimos em outra língua.

Muitas vezes nossa disciplina é repleta de termos incomuns no dia a dia dos alunos, o que pode dificultar sua aprendizagem. Alguns livros didáticos apresentam um glossário ao final de cada unidade, mas podemos tornar mais interessante se os próprios alunos criarem os glossários. Primeiro, porque essa tarefa vai exigir uma participação mais atenta e ativa. Segundo, porque eles vão sentir que estão construindo algo significante.

Como pode ser realizada

Os trabalhos podem ser entregues digitalmente ou por escrito. De qualquer forma, é sempre interessante deixá-los disponíveis para todos os alunos. Melhor ainda se houver possibilidade de personalização com a criação de desenhos para ilustrar cada termo.

Geralmente, se for solicitado trabalho em grupo, prefiro que o trabalho seja feito em ambientes como o Google Drive, nos quais os alunos podem escrever de forma mais colaborativa, tendo um histórico de todas as atualizações e contribuições feitas ao trabalho. Além disso, o compartilhamento das informações fica muito mais fácil.

Como avaliar

Acuidade e extensão da lista apresentada são dois dos possíveis critérios de avaliação.

10
Criação de pôsteres (digitais ou online)

O que é

Dê adeus àqueles cartazes de cartolina, manuscritos com letras não muito apresentáveis, com textos imensos e figuras pequenas. Muitas vezes visitei escolas e observei atentamente seus murais. Com exceção dos murais organizados pelos próprios professores ou equipe pedagógica, os demais trabalhos afixados geralmente eram sofríveis.

Então, em primeiro lugar, sugiro que o professor explique o que é um pôster ou mesmo um cartaz, dando orientações de como fazê-los. É bom que explique o que é um pôster acadêmico e o que se espera ver nele. Se for um cartaz, também deve alertar para os objetivos do gênero, o qual precisa ter informação visual preponderante, acompanhada de textos curtos, que possam ser vistos de longe e que captem a atenção do leitor.

No caso do pôster científico, no qual há bastante texto escrito, as informações devem estar harmoniosamente bem-distribuídas. O pôster deve conter imagens, gráficos ou desenhos que contribuam para a apreensão dos resultados da pesquisa realizada.

Como pode ser realizada

O pôster pode ser feito em arquivo de texto como o Word ou em apresentações como o PowerPoint. Em seguida, pode-se optar por uma gráfica para que imprima em lonas próprias ou em papel A3 ou A2, a fim de facilitar a leitura, pelo menos a um metro de distância.

Esses trabalhos também podem ser disponibilizados digitalmente, utilizando ferramentas do Google Drive para apresentações ou do SlideShare.

Além disso, é possível a criação de pôsteres em formatos mais descolados para os adolescentes, utilizando-se o Glogster, que é uma plataforma que permite aos usuários criarem pôsteres virtuais interativos, incluindo vídeos, música, sons, imagens, texto, anexos de dados, efeitos especiais, animações e links. Os alunos gostam muito dessa modalidade, por poderem personalizar suas criações e compartilharem com colegas.

Escolhendo a apresentação de um pôster digital, como o Glogster, por exemplo, o professor pode optar que as apresentações aconteçam também virtualmente, de forma que todos compartilhem os links de seus pôsteres uns com os outros, ou pode marcar um momento na própria escola para que as apresentações sejam feitas na sala de vídeo ou mesmo na sala de aula, se a escola dispuser de equipamento multimídia.

Como avaliar

Pôsteres acadêmicos ou científicos têm a peculiaridade de precisarem ser mais objetivos e conterem mais informações impressas. Então, o professor pode avaliar a distribuição dessas informações, a formatação do pôster, tamanho da fonte, recorte da pesquisa e exposição oral do trabalho.

Contudo, pôsteres diversos, como aqueles feitos online, utilizando o Glogster, por exemplo, permitem maior criatividade, e os critérios de avaliação podem incluir a estética do trabalho, a criatividade na escolha dos componentes do pôster, a utilização de recursos e mídias diversas, como música, filme, imagem, texto e, logicamente, a apresentação oral do trabalho.

11

Apresentação de resenhas de livros e filmes

O que é

Se você é como a maioria dos leitores, irá concordar que é bem melhor ler o livro primeiro para poder comparar o que imaginou com a adaptação da obra feita para a telona.

Aliás, o ato de ler é menos passivo, na minha opinião, porque durante a leitura temos de ativar nossa imaginação, recriando a história em nossas mentes. No cinema, já está tudo lá. As imagens e intepretações são praticamente todas dadas. A adaptação para a linguagem cinematográfica já carrega em si um pouco da interpretação de outro. Por isso, voto pela leitura do livro antes de assistir ao filme.

Entretanto, convém frisar que nem sempre nossos alunos seguem esse percurso. Na maioria das vezes, quando eles dizem gostar de determinado livro, significa que eles apenas assistiram aos filme, não que realmente leram a obra.

Ainda assim, podemos fazer com que eles tenham uma postura mais ativa e crítica, seja lendo os livros ou assistindo a filmes. Uma ideia para isso acontecer é solicitarmos que eles produzam resenhas, escritas ou, acompanhando a tendência mais atual, em vídeos.

Mas, afinal de contas, o que é uma resenha?

Como estamos nos referindo a resenhas de filmes e livros, o sentido de resenha nesta seção refere-se a um texto opinativo, no qual quem opina comenta e avalia o livro ou o filme analisado. Como é um texto de informação, objetiva-se, primariamente, apresentar outro texto que seja desconhecido do leitor.

Como o gênero resenha pode ser novo para eles, convém que primeiramente trabalhemos o gênero em sala, lendo resenhas e assistindo a resenhas em vídeos. Além disso, é bom que eles recebam um roteiro a ser seguido ou, pelo menos, os pontos que devem ser avaliados na obra, para que escrevam suas resenhas ou organizem suas falas para o vídeo.

É interessante percebermos o crescimento deles como críticos ao fazerem esse exercício. A atividade de assistir a um vídeo ou ler um livro ganhará significado se eles precisarem ter um olhar mais atento, manifestarem suas opiniões, argumentarem e sustentarem seu ponto de vista.

Como pode ser realizada

Após a apresentação do gênero, caso ele seja desconhecido dos alunos, o professor pode sugerir que eles escolham um filme ou livro para que escrevam as resenhas ou, ainda, o professor pode determinar que o livro que estiver sendo trabalhado pela turma seja objeto de suas resenhas.

Além disso, o professor pode restringir o espaço do texto em caracteres ou número de linhas digitadas.

Como avaliar

Sugere-se que o professor perceba se os alunos estão cientes dos elementos que constituem uma resenha, bem como se conseguiram primeiramente informar o leitor acerca da obra, para então emitir sua opinião ou avaliação.

12
Relatório de viagens ou passeios

O que é

Muitas vezes promovemos passeios ou pequenas viagens com os alunos, organizamos experiências memoráveis, mas não avaliamos a percepção desses alunos nas atividades propostas e, principalmente, o que de fato aprenderam depois de todo esse esforço.

Aqui não estamos considerando relatório com o objetivo de reportar resultados de uma pesquisa ou experimento, por exemplo. Tampouco no sentido de um trabalho acadêmico mais elaborado.

Vamos nos referir a relatório nesta seção à redação de um texto em que o aluno descreve em detalhes sua viagem ou passeio, enfatizando itens que tenham a ver com o objetivo de aprendizagem determinado. Assim, os alunos vão escrever os pontos principais e tecer comentários que sejam relevantes, visando responder às perguntas básicas em relação à viagem ou passeio: o que foi feito, quem participou, onde e quando foi realizado, como e por que aconteceu a atividade. Destaque maior será dado à redação do que foi aprendido em virtude desse evento.

Como pode ser realizado

Podemos orientá-los a fazer relatórios breves em que sintetizem suas vivências principais. Esse relatório pode ter vários formatos, desde um texto escrito até a integração de recursos hipermidiáticos, incluindo fotos e vídeos em um *blog*.

O professor deve verificar que recursos os alunos têm a sua disposição para solicitar o relatório que seja mais adequado à realidade de suas turmas.

Para exemplificar, pensemos em uma visita a um museu. Um dos possíveis roteiros pode incluir itens como:

• O que vi.

• O que aprendi.

• O que achei mais interessante.

• Por que essa exposição foi/não foi importante para mim.

• O que eu não entendi.

• Quero saber mais.

• Não curti.

Os alunos podem apenas escrever ou, preferencialmente, juntar imagens, quando for possível, e mesmo pequenos vídeos. O trabalho pode ser apresentado utilizando-se recursos digitais como o Google Slides, Prezi, Slideshare ou PowToon.

Como avaliar

O professor deverá determinar o objetivo do passeio ou viagem da turma, estabelecendo as orientações gerais do que espera que o relatório contemple. Assim, além de uma boa escrita, o foco da avaliação recairá sobre a observação quanto a esses critérios preestabelecidos, de forma que o relatório contemple as informações principais.

13
Alunos monitores

O que é

A maior parte de nossas salas de aula é bastante numerosa. Algumas vezes temos apenas dois tempos semanais com nossos alunos, dependendo da matéria que lecionamos, e não conseguimos orientar todos eles.

Que tal "promover" alguns alunos como monitores? Quase sempre há alunos que se destacam em nossas aulas, terminando as atividades antes que os demais e ficando entediados com a espera de outros colegas.

Essa é uma boa oportunidade para se multiplicar.

Como pode ser realizado

Os alunos monitores podem ficar responsáveis por pequenos grupos, tirando dúvidas, explicando, checando o desenvolvimento das tarefas, facilitando nossas vidas e aprendendo ainda mais enquanto ensinam.

Como avaliar

Dependendo da escola, você pode incluir essa atividade de monitoria na avaliação atitudinal ou, percebendo o empenho e seriedade com que os alunos cumprem seu papel como monitores, pode isentá-los de algum teste ou trabalho.

14

Cola na prova

O que é

À primeira vista pode causar espanto que eu esteja aqui incentivando a cola na prova. Mas, pense bem: colar pode ser uma forma de rever o conteúdo, refrescar a memória, ajudar a lembrar alguns pontos.

Então, que tal na sua próxima prova, depois dos primeiros dez ou quinze minutos iniciais, você surpreender a sua turma dizendo que dará dez minutos para os alunos colarem? Eles ficarão loucos com a ideia.

Como pode ser realizada

Há várias possibilidades dessa "cola" na prova. O professor pode sugerir que os alunos terão os dez minutos concedidos para consultar seus cadernos ou livros. Ou o professor pode sugerir que poderão solicitar a apenas um colega a resposta de uma das perguntas da prova. Outra sugestão é fazer a troca de provas com o colega que esteja sentado ao lado ou à frente.

Creio que já deu para perceber que o objetivo é descontruir a ideia de prova como algo muito, muito sério. É possível utilizar esse instrumento como forma de momento de reflexão acerca do que não foi totalmente apreendido e, principalmente, por que um determinado ponto da matéria caiu em esquecimento mais facilmente. E, melhor, é possível não levar assim tão a sério esse instrumento em alguns momentos também, a não ser que seja realmente imprescindível.

Como avaliar

Essa avaliação é fácil, basta utilizar o gabarito!

15

Criando o teste

O que é

Uma possibilidade de avaliar os alunos é solicitando que eles mesmos criem as perguntas para o próximo teste. Isso pode ser feito individualmente ou em pequenos grupos, com as questões escritas em uma folha de papel ou por meio de formulários criados no Google Drive, por exemplo.

Como pode ser realizado

O professor pode dar alguns modelos de questões, tanto objetivas como discursivas, a fim de que os alunos possam variar na forma de perguntar. Além disso, pode pedir que eles criem os gabaritos dos testes elaborados por eles.

Quando os alunos elaboram as perguntas precisam rever o material, analisar o que eles mesmos compreenderam dos assuntos tratados em aula e organizar seus conhecimentos para que possam criar boas questões.

Como avaliar

Pode-se aproveitar algumas questões dos alunos para o próximo teste ou mesmo utilizar as perguntas para algum jogo em sala de aula. Ou ainda, o professor pode decidir simplesmente fazer da própria atividade uma forma de avaliar os alunos, valorizando as questões que enfatizem a capacidade de correlacionar os conhecimentos adquiridos, ao invés de focarem prioritariamente na memorização do conteúdo.

O professor também pode fazer com que os grupos façam o teste de outro grupo e avaliem o grau de dificuldade das questões propostas.

PARTE II

Desafios

1
Entrevista com especialistas

O que é

Seja qual for a disciplina, uma sugestão de atividade é os alunos ultrapassarem os muros da escola e conhecerem outros pontos de vista de profissionais variados.

Essa atividade pode servir desde os propósitos de se conhecer e se aprofundar mais a respeito de uma determinada profissão a buscar conhecimento especializado sobre um assunto que a turma esteja estudando.

As entrevistas podem ser utilizadas para os alunos levantarem as histórias orais de uma localidade, conhecerem o percurso de um empreendedor da região, compararem múltiplas possibilidades dentro de sua própria comunidade, entre inúmeras outras possibilidades.

Como pode ser realizada

Certamente é uma atividade trabalhosa, a começar pela definição dos objetivos das entrevistas, organização de roteiro prévio e levantamento de quem poderá ser entrevistado, até a escolha do formato da apresentação final, seja por meio da transcrição da entrevista ou sua publicação em arquivo de voz ou vídeo, seja em sua íntegra ou editada.

Essas possibilidades demandam tempo, equipes proativas que façam clara distribuição de papéis e acompanhamento constante, dependendo da maturidade dos alunos.

Pode-se optar pela criação de um documento colaborativo no Google Drive, no qual os alunos participantes podem elencar as sugestões de perguntas, digitar o teor das entrevistas e editar o texto final. Essa entrevista, se transcrita, poderá ser impressa e colocada em murais, apresentadas no jornal impresso da escola ou mesmo no *blog* da turma ou da escola.

Se houver gravação em áudio ou vídeo os alunos podem editar o arquivo e deixá-lo disponível no *blog* da turma.

Como avaliar

Em primeiro lugar, só o fato de os alunos conseguirem contato com especialistas para a entrevista e produzirem um bom material em áudio ou vídeo já revela proatividade, capacidade de relacionamento e habilidades de comunicação.

Logicamente, convém avaliar a qualidade das perguntas feitas e a condução da entrevista como um todo.

2
Apresentação de telejornal

O que é

Um trabalho que aproveita o gênero telejornal pode ficar bastante rico, especialmente na era digital na qual vivemos, pois o resultado pode ser filmado e disponibilizado no canal do YouTube da escola. Além disso, esse é um exemplo de proposta de trabalho interdisciplinar, visto que várias disciplinas, como Geografia, História, Língua Portuguesa, Matemática, Língua Estrangeira, podem ser contempladas.

O professor deve certificar-se com os alunos acerca do conhecimento deles a respeito desse tipo de programa televisivo. É importante que os alunos sejam apresentados a alguns exemplos do gênero, caso não o conheçam, a fim de que possam estar familiarizados com as partes que podem compor um telejornal, como a abertura com resumo das matérias, uso de imagens e gráficos como suporte de uma notícia lida, reportagem de rua com entrevistados, previsão do tempo ou divulgação de agenda cultural, entre outras colunas possíveis.

Como pode ser realizada

Após essa verificação prévia o professor deverá apresentar a proposta do jornal para a turma, explicando os objetivos, o tempo e os critérios de avaliação, bem como abrindo espaço para os alunos tirarem dúvidas e manifestarem suas opiniões. É bom que essa atividade, como já dito anteriormente, seja interdisciplinar. Assim, vários professores podem participar de todo o processo de elaboração do trabalho.

Os alunos deverão ser divididos em grupos não muito grandes, mas com o número suficiente para que haja dois alunos como âncora e um "repórter de rua", no mínimo.

Tendo os assuntos que serão trabalhados, os alunos devem ser incentivados a tomarem decisões acerca da organização da tarefa, decidindo figurinos e formato da apresentação.

O professor trabalha como mediador ou curador, sugerindo leituras extras e mesmo compartilhando vídeos e outros recursos relacionados à temática.

Como avaliar

O resultado costuma ser surpreendente, pois geralmente os alunos são bastante criativos e fazem muito mais do que são solicitados.

O professor deve criar uma lista de critérios em conjunto com os alunos ou, pelo menos, apresentando-a previamente a eles, na qual a pontuação pode ser distribuída, dando-se maior ênfase a um ou outro item, de acordo com o foco do trabalho do professor.

Os itens para avaliação podem incluir: variedade das colunas ou quadros do telejornal, atualidade das notícias, apresentação crítica e questionadora dessas notícias, criatividade, postura corporal durante a apresentação, participação de todos os membros etc.

Dica

Os alunos podem fazer a apresentação ao vivo na escola, sem precisar fazer gravação prévia. Outra possibilidade é fazerem a apresentação do trabalho na data estabelecida, mas levar as gravações das entrevistas e reportagens feitas "na rua". Uma outra sugestão é o professor incentivar que a apresentação seja gravada em vídeo e estabelecer uma data para que ela seja exposta à turma. Por fim, o professor pode criar uma *playlist* na qual constarão todos os vídeos feitos pela turma, abrindo espaço para discussão e comentários no próprio canal em que o vídeo for alocado.

3
Projetos com leitura de livros

O que é

Não apenas os professores de Literatura ou Língua Portuguesa podem se beneficiar com projetos que envolvam a leitura de livros interessantes pelos alunos. Porém deve ficar claro que se o objetivo for a formação do leitor literário é necessário que o livro escolhido não seja pretexto para o trabalho em outras áreas. É bom que a leitura tenha como foco a fruição, o prazer que a literatura proporciona, sendo que o professor poderá utilizar esse expediente para aprofundar o conhecimento de mundo dos alunos, bem como colaborar para que eles se tornem leitores mais críticos.

Contudo, em outras disciplinas, é possível que haja bons livros sobre assuntos diversificados e que podem render bons projetos e discussões ricas em sala. Por exemplo, o livro *Depois daquela viagem* (Valéria Polizzi. Editora Ática) é uma autobiografia da autora, que conta como contraiu o vírus HIV e como viveu e conviveu com ele. Já *Negras raízes* (Alex Haley. Editora Círculo do Livro) trata de vinte anos de pesquisa do autor em busca de sua genealogia, que coincide com a história da escravatura norte-americana. Ele aborda costumes das tribos africanas, de onde seu trisavô foi capturado, e dá detalhes da história de seus antepassados que foram escravizados.

Os projetos com livros podem envolver várias sugestões de trabalho. Por exemplo, no livro *Práticas de leitura – 150 ideias para despertar o interesse do aluno* (Editora Vozes), sugiro várias atividades para antes, durante e depois da leitura, que podem favorecer o trabalho com o livro e a leitura que seja mais prazerosa para os alunos.

Como podem ser realizados

O professor pode sugerir que os alunos adaptem o livro para uma apresentação teatral, criem resenhas para o mural da escola, *slides* em PowerPoint ou Prezi para apresentar os pontos principais aos colegas, elaborem um *book trailer* do filme, entre tantas outras ideias.

Só fuja daqueles questionários imensos e provas escritas sobre o livro. Projetos com livros podem render bons frutos criativos!

Como avaliar

A criatividade pode ser um dos itens constantes nos critérios de avaliação. Claro que talvez haja quem argumente que avaliar a criatividade seja algo bastante subjetivo. Contudo, as avaliações geralmente o são, de qualquer forma.

Por que não criar enquetes objetivando que os alunos votem nos melhores trabalhos ou, por que não, atribuir nota aos colegas?

4
Portfólios digitais

O que é

Cada vez mais torna-se verdadeira a frase afirmativa de que somos aquilo que compartilhamos, e os alunos querem ter voz em seus *blogs*, *vlogs* e redes sociais em geral.

Ao criarem portfólios, os alunos podem registrar suas reflexões, fazer a curadoria de vídeos e sites interessantes.

O portfólio é uma coleção de todo o trabalho que os alunos estão realizando ou já realizaram, um meio de reflexão e integração dos saberes, que pode ser realizado ao longo de um determinado período para apresentação final, no encerramento do ciclo.

Como podem ser realizados

Antigamente os portfólios eram apresentados em pastas com divisões. Especialmente alunos que cursaram o magistério no Ensino Médio tiveram (e muitos ainda o fazem) de apresentar seus portfólios no final do curso.

Hoje em dia, com a possibilidade de arquivamento de informações na nuvem, os trabalhos não precisam se limitar a textos e colagens. Podem ser incluídos áudios, vídeos, animações, ilustrações, questionários, apresentações etc. É um recurso riquíssimo para a sistematização e a reflexão acerca da aprendizagem, feito pelo próprio aluno. Ainda melhor, esse tipo de portfólio não precisa ficar restrito à apresentação no âmbito familiar ou círculo de amigos, visto que os estudantes podem disponibilizar o acesso virtualmente, bastando informar o *link*, seja por e-mail, redes sociais, textos em *blog*, entre outras possibilidades de compartilhamento.

Em uma turma do Curso de Letras os alunos iniciaram seus portfólios no primeiro semestre do curso. Eles deveriam integrar as disciplinas cursadas naquele período, incluindo pesquisas feitas online ou a inserção de suas próprias produções individuais ou em grupo. A sugestão que os alunos receberam eram que criassem um *blog*, ou uma página no Facebook ou, ainda, um site, utilizando algum recurso gratuito como Google Sites ou Wix, por exemplo.

Um ponto importante que merece destaque: professor, não se preocupe se você não souber criar sites, blogs ou um canal no YouTube. Os próprios alunos são capazes de aprender e até mesmo de ensiná-lo. Também existem vários tutoriais que auxiliam a aprender praticamente sobre tudo. Então, um pouco mais de tempo para a implantação de um projeto já é suficiente para iniciar algo diferente em sala.

Por fim, uma dica é que os alunos compartilhem suas produções com os colegas de turma. Eu, por exemplo, geralmente crio um formulário no Google Drive para que eles forneçam o *link* de seus portfólios, disponibilizando a lista para toda a turma. Assim, passei aos meus alunos do Curso de Letras o site que criei só de apresentação de produções de aluno. Você pode acessar o site por este link: https://goo.gl/9tWuam ou pelo código QR a seguir, usando o seu celular.

Como avaliar

Há várias maneiras de os portfólios serem avaliados, como a autoavaliação e avaliação entre pares. Na primeira, os próprios alunos atribuem uma nota ou grau a seu trabalho final. Na avaliação entre pares pode-se solicitar que um aluno avalie o outro ou que haja duas ou três avaliações para cada portfólio.

Em ambos os casos os alunos precisam saber que critérios deverão levar em consideração nessa avaliação feita.

O professor também pode elaborar seus critérios de avaliação, os quais podem envolver os seguintes itens, entre outros: reflexão final do processo de aprendizagem, utilização de várias formas de linguagem / materiais / recursos na construção do portfólio, diversidade das informações ao longo do tempo de construção do portfólio, criação pessoal ou em grupo de um produto ou solução a partir dos conceitos teóricos estudados em aula etc.

5
Vídeos individuais ou em grupo

O que é

Na era dos *youtubers* os alunos curtem criar vídeos. Claro que eles se sentem mais à vontade para falar dos assuntos deles, que não necessariamente coincidem com os assuntos das disciplinas escolares; mas, ainda assim, podemos criar interesse em torno das propostas de vídeo que fizermos.

Como podem ser realizados

Em Língua Estrangeira, só para ilustrar, eles podem filmar uma receita com o grupo todo fazendo pratos simples como saladas de fruta e vitaminas. Podem gravar pequenas encenações em seus celulares com diálogos breves ou mesmo criar um videoclipe.

Podem fazer entrevistas para aulas de História, filmar um experimento de Química ou uma observação para as aulas de Ciências. Nas aulas de Língua Portuguesa eles podem filmar seus próprios discursos, em atividades nas quais desenvolvam técnicas de oratória.

Talvez seja interessante fornecer-lhes um roteiro prévio, para que saibam o que gravar. Se a sua escola tiver parceria com o aplicativo Google Classroom, esses vídeos podem ser encaminhados para o ambiente da turma. De qualquer forma, uma opção é fazer o carregamento para o Google Drive da turma e, assim, garantir maior privacidade quanto às produções realizadas.

Como avaliar

O professor pode listar com a turma os critérios que deverão compor a ficha de avaliação, tais como a qualidade do vídeo, incluindo luz, som e edição, conteúdo, forma de apresentação, bem como, logicamente, a correção quanto ao conteúdo abordado.

6
Gincana

O que é

Gincana é uma atividade de competição, mas de caráter bastante recreativo, que, aplicada como um instrumento de avaliação, pode objetivar pôr à prova as habilidades dos alunos em suas equipes.

Geralmente as gincanas tradicionais possuem provas que podem não apresentar nenhuma utilidade prática, como buscar o livro ou moeda mais antigos, por exemplo. Contudo, o professor pode adaptar e criar provas diversas que coloquem em evidência o que os alunos aprenderam ou o que podem fazer de forma colaborativa.

Como pode ser realizada

Por exemplo, um professor de Língua Estrangeira pode organizar pistas para uma caça ao tesouro, escrevendo cada pista na língua estudada. O prêmio será encontrado pela equipe que seguir mais rapidamente todas as pistas. Ao final, o professor pode avaliar em que momento os grupos pararam, em que ponto eles estavam, o que dificultou o entendimento das pistas e, assim, diagnosticar que pontos precisam ser reforçados com os alunos para uma melhor aprendizagem.

Pode-se, também, fazer um trabalho interdisciplinar, aliando provas de caráter cultural, com perguntas de temas variados, e provas que incluam atividades que valorizem as múltiplas inteligências, como apresentações teatrais, musicais ou de dança, gravação de vídeos, criações artísticas diversas, integração dos saberes dos diversos campos etc. Assim, os professores das diferentes disciplinas podem colaborar para a criação e acompanhamento das provas pelas quais os grupos da gincana deverão passar.

Organizar uma gincana dá bastante trabalho, seja apenas para sua turma e disciplina ministrada ou, algo ainda maior, como envolver várias turmas e o trabalho interdisciplinar. É preciso pensar no grau de dificuldade das provas, na variedade das tarefas, de modo a possibilitar a identificação dos vários talentos e inteligências, permitindo que diferentes estilos de aprendizagem se manifestem. Contudo, o resultado costuma ser bastante compensador, principalmente nas provas que exigem trabalho colaborativo e exercício da criatividade dos alunos.

Geralmente as gincanas apresentam como características a evolução na sequência das tarefas ou provas propostas, com pontos que são cumulativos, regras fixas e um final que pode ser mais ou menos previsível.

É importante que o professor leve em consideração algumas providências a serem tomadas na etapa de elaboração da gincana, como:

• Conhecer bem o local onde será realizada a gincana, podendo variar com atividades internas e externas.

• Checar o material necessário e disponível para a criação das provas.

• Elaborar as atividades com as tarefas propostas com bastante antecedência.

• Estabelecer por escrito as regras da gincana, pois isso facilitará a tomada de decisão em casos de algum imprevisto.

• Determinar a premiação e os critérios para seu recebimento.

• Indicar juízes que possam auxiliar no acompanhamento dos grupos e avaliação do desempenho das equipes.

• Providenciar o registro da atividade em fotos e/ou vídeos.

• Avaliar o resultado final, ouvindo os participantes, refletindo sobre os pontos positivos e possibilidades de melhoria para as próximas edições.

Como avaliar

As pistas ou tarefas podem conter a pontuação para a gincana ou mesmo o resultado convertido em pontuação para a disciplina-alvo. Gincanas também são fontes para avaliar habilidades de relacionamento, liderança e organização dos alunos.

PARTE III

Processos criativos

1
Criação de paródias musicais

O que é

Embora muitos sejam contra a memorização, há conteúdos que devem ser decorados, como tabuada, algumas fórmulas de matemática ou física, datas e eventos históricos realmente importantes e algumas outras informações mais pontuais. Ao invés de martirizarmos nossos alunos cobrando esse conteúdo em provas que primam simplesmente pela memorização, sem espaço para a criatividade e a voz deles, podemos sugerir um trabalho criativo em que eles mesmos elaborem algo mais atraente e divertido para auxiliá-los na memorização. Eles podem criar paródias musicais.

O uso de paródias é interessante por vários motivos:

a) O aluno precisa revisar o conteúdo.

b) Ele transforma o conhecimento, ao invés de apenas reproduzir o que aprendeu, ao elaborar a letra da sua paródia.

c) O aluno aprende se divertindo.

d) No dia das apresentações, as diversas paródias ajudam na fixação do conteúdo.

e) O aluno pode usar bastante a sua criatividade e talentos.

Como pode ser realizada

Esse trabalho pode ser feito em pequenos grupos. O professor sugere o conteúdo a ser estudado e os alunos usam a criatividade para organizar uma apresentação, escolhendo a música a ser parodiada.

Se os alunos não conhecerem o que é uma paródia musical o professor poderá mostrar alguns exemplos disponíveis no YouTube. No meu curso *Oficina de escrita criativa* alguns alunos fazem depoimentos ao final das aulas em forma de paródias musicais. Alguns exemplos podem ser vistos no meu canal no YouTube (Solimar Silva).

Como avaliar

Como critério de avaliação, o professor pode incluir itens como abrangência do conteúdo/objeto da paródia e a adequação do texto para o ritmo da música.

2
Jogos (ou os *games*) educativos

O que é

Por que escrevi jogos e, entre parênteses, traduzi o termo para o inglês? Tenho percebido que utilizar a palavra *games* remete a jogos digitais, seja utilizando videogames ou computadores e outros recursos digitais, enquanto que jogo é normalmente considerado como objeto físico, seja de cartas, dados, tabuleiro etc.

Independentemente do material utilizado, acredito muito no poder dos jogos didáticos como ferramental para o ensino-aprendizagem das diversas matérias.

Os jogos facilitam a apreensão de conceitos e fixação de conteúdo, de forma mais prazerosa e menos inibidora. Além disso, favorecem o trabalho em equipe e o acompanhamento do professor para as principais dúvidas, de forma mais personalizada. Como funcionam, muitas vezes, como material de apoio, os jogos permitem uma sensação de quebra da rotina, uma pausa para além dos livros didáticos ou apostilas, despertando mais interesse e atenção dos alunos.

No entanto, a proposta dessa atividade não é apenas avaliar os alunos por meio de jogos diversos – digitais ou analógicos –, o que não é má ideia. Essa sugestão deve ser mais uma possibilidade de avaliação. Entretanto, a minha proposta é que o professor solicite aos alunos a criação de jogos que abordem os temas estudados em determinada matéria.

Que tal deixar os alunos criarem jogos (analógicos ou digitais) para serem utilizados nas suas aulas? Ao fazê-lo, eles precisam revisar a matéria, elaborar regras, construir questões, o que contribui para a fixação do conteúdo em menor tempo e com mais facilidade.

Como podem ser realizados

Os jogos podem ter como base jogos de tabuleiro ou outros existentes no mercado. Os alunos sistematizam o conhecimento adquirido dentro dos moldes do jogo.

Pode-se marcar um dia para apresentações dos jogos na turma e deixá-los livres para demonstrar aos colegas de classe, e, claro, brincarem à vontade testando os jogos uns dos outros enquanto aprendem mais sobre os assuntos estudados.

Essa atividade pode ser feita com qualquer disciplina e ano de escolaridade. Porém, é importante que os alunos tenham acesso a jogos variados, a fim de que possam aumentar seu repertório e buscar referências quando estiverem criando os seus próprios jogos.

Assim, em grupos, eles podem ser solicitados a criar jogos de tabuleiro, de cartas, jogos de computador ou ainda aplicativos diversos, e compartilhar esses jogos com os colegas da turma ou da escola.

O professor pode promover uma amostra ou uma feira de jogos, durante a qual os alunos mostram o resultado de seus trabalhos, falem do processo de elaboração e criação do jogo e como venceram possíveis obstáculos.

Para criar as perguntas do jogo os alunos deverão estudar bastante e aprender o conteúdo, o que vai muito, muito além do que qualquer teste e prova escritos são capazes de avaliar.

Como avaliar

Além de incluir como critério principal a qualidade das perguntas e a correta chave de respostas, outros itens – como estética, organização e clareza das regras – podem compor os critérios de avaliação dessa atividade.

A seguir, disponibilizo um modelo de tabela avaliativa para os jogos, a título de sugestão. Fique à vontade para usá-la ou adaptá-la, de acordo com as suas turmas e objetivos.

Tabela 2

Critérios de avaliação de jogos

1) Abodagem do assunto: 4,0 pontos.

2) Durabilidade (possibilidade de uso várias vezes): 2,0 pontos.

3) Atratividade: 2,0 pontos.

4) Originalidade/criatividade: 2,0 pontos.

Nome do jogo	Integrantes do grupo	Notas atribuídas				Total	Comentários
		1	2	3	4		

3
Criação de jornal (impresso ou online)

O que é

Uma variação do telejornal que os mais tímidos preferem é a apresentação do jornal impresso ou digital.

Os alunos podem explorar as várias seções de um jornal para apresentar os assuntos de uma disciplina que estejam estudando ou para fazer um trabalho interdisciplinar.

Como pode ser realizada

Uma alternativa bem interessante para organizar o jornal é o recurso educacional aberto chamado Portal do Jornal Escolar (http://www.jornalescolar.org.br/), iniciativa da ONG Comunicação e Cultura, em Fortaleza. Nesse site eles dão orientações diversas sobre organização do texto, a impressão em formato de jornal e a publicação de jornal online.

Outro serviço para a publicação de jornal no meio digital é o Wiki Jornal (http://www.wikijornal.com/), no qual os alunos podem facilmente organizar as informações pelas seções do jornal que eles estão criando. E, melhor ainda, é gratuito.

Esse é um tipo de trabalho que pode ser feito de forma interdisciplinar, envolvendo vários professores e até mesmo mais de uma turma.

Como avaliar

Clareza, organização, relevância da pauta e uso da norma culta são alguns dos itens que podem compor a avaliação do trabalho.

Os alunos podem avaliar a participação e a contribuição dos demais membros da equipe. Afinal, não apenas o resultado final é relevante, mas todo o processo, especialmente a capacidade de liderança, o trabalho em equipe, a responsabilidade e a colaboração.

4
Levantamento de soluções de problemas

O que é

Muitas vezes, ainda que sem querer, avaliamos as respostas certas, o "gabarito" de uma prova dada aos alunos. Contudo, talvez mais importante do que memorizar uma resposta seja a habilidade de pensar em possíveis soluções para problemas diversos que estão no entorno da comunidade escolar. Faz-se necessário, cada vez mais, educar para a diversidade, criticidade e criatividade.

Assim, neste item, podemos avaliar os alunos pela capacidade de apresentar ideias divergentes, diferentes, criativas, para solucionar um determinado problema.

Como pode ser realizado

O problema pode ser escolhido pelo professor ou, ainda melhor, fazer parte de sugestões que os próprios alunos elencam previamente. O professor pode ensinar aos alunos algumas técnicas de soluções de problemas, como apresentaremos a seguir, e, individualmente ou em grupo, sugerir que eles levantem soluções variadas, mesmo que, no primeiro momento, não se preocupem se as ideias sugeridas sejam praticáveis. O que importa é deixar aflorar as múltiplas possibilidades de encarar o problema proposto.

A seguir, cito duas técnicas que podem auxiliar os alunos nesse processo:

1) Brainwriting

Muitos talvez já estejam habituados à técnica de *Brainstorming* ou tempestade cerebral, tempestade de ideias. O *brainwriting* é muito parecido, variando apenas na primeira fase, na qual há tempo estabelecido para o trabalho individual.

Esta é uma técnica de pensamento divergente, lembrando aqui que o sentido dessa palavra está relacionado a abrir opções, apontar caminhos. Então, o objetivo é criar muitas opções, não se preocupando ainda se as ideias propostas sejam exequíveis ou não.

É importante orientar os alunos que nesta atividade não pode haver julgamento prévio. As ideias devem fluir e serem todas escritas, por mais que pareçam tolas ou sem cabimento. Nesse momento, o processo preza a quantidade sobre a qualidade. Só em momento posterior, quando haverá a convergência dessas ideias, é que a turma ou os grupos procederão com a escolha das opções, julgando as possíveis ideias para o problema proposto.

O objetivo desse tipo de trabalho é simplesmente levantar o maior número possível de ideias para a solução de um determinado problema, sem restringir o tipo de ideias nessa primeira fase.

Então, tendo escolhido o tema e informado os alunos de que eles trabalharão para o levantamento de possíveis soluções, o professor explicará sobre as regras da divergência (ampliação de ideias) e da convergência (restrição de ideias), avisando-lhes que o exercício focará na primeira delas.

O primeiro passo da técnica é uma atividade individual, em que, com um período de tempo predefinido, cada um vai escrever suas ideias. Elas podem ser executadas em folhas de caderno, em pequenos pedaços de papel ou em *post-its*. Depois, em pequenos grupos, os alunos podem colar *post its* na parede ou espalhar os pedaços de papel, agrupando as ideias de todos os integrantes do grupo.

Ao final da atividade eles poderão condensar as ideias dadas em uma folha ou fazer o registro fotográfico de suas ideias agrupadas por assunto, nível de dificuldade, economia, ou qualquer outra categoria que tenham organizado.

2) Os seis chapéus

Esta técnica foi criada por Edward de Bono e é utilizada principalmente em ambientes corporativos, objetivando reuniões mais colaborativas e produtivas.

Chapéu e foco	Descrição
Branco	O chapéu branco está relacionado a informação, conhecimento ou necessidade, e na obtenção dos fatos e números. Usar o chapéu branco permite a apresentação da informação (fatos, figuras e dados) de uma forma neutra e objetiva. Questões-chave: • Que informações nós temos aqui? Quais são os fatos? • Que informações necessárias estão faltando? • Que informações nós gostaríamos de ter? • Como podemos obter as informações? Com o chapéu branco, o foco está direcionado à informação – que está disponível, que é necessária, e/ou como poderá ser obtida. Opiniões, crenças e argumentos devem ser deixados de lado.

 Verde	O chapéu verde está especificamente relacionado à geração de novas ideias (*brainstorming*) e a novas formas de ver as coisas: • Pensamento criativo. • Alternativas adicionais. • Apresentar possibilidades e hipóteses. • Propostas interessantes. • Novas abordagens. • Provocações e mudanças. O tempo e o espaço disponíveis devem estar focalizados no pensamento criativo. O pensamento abstrato pode ser usado sem críticas. Não é fácil usar esse chapéu, porque ele vai contra hábitos, julgamento e crítica. Questões típicas incluem: • Temos alguma outra ideia aqui? • Temos alternativas adicionais? • Podemos fazer isso de outra forma? • Pode haver outra explicação?
 Preto	O chapéu preto está relacionado a julgamento, cuidado e avaliação. Procura identificar os riscos e o pior cenário. Usar esse chapéu permite considerar as propostas sobre uma visão crítica e lógica. Ele é usado para refletir por que uma determinada sugestão não casa com os fatos, experiência disponível ou sistema em uso. O uso do chapéu preto deve considerar: • Custos (se a proposta será muito cara). • Normas, regulamentos e aspectos legais. • Materiais (se esse "objeto" exigirá muita manutenção). • Questões sobre segurança. Erros podem ser desastrosos. Por isso, o chapéu preto é muito útil e tem muito valor. Mas é necessário tomar cuidado para não eliminar ideias criativas com excessos e negatividade.

 **Amarelo**	O chapéu amarelo está relacionado a otimismo e aos aspectos positivos das coisas. Usar esse chapéu permite olhar benefícios, viabilidade e como algo pode ser feito. Questões-chave: • Quais são os benefícios dessa opção? • Qual é a proposta preferida? • Quais são os elementos positivos desse *design*? • Como podemos fazer isso funcionar? Esse chapéu nos conduz à busca deliberada pelo positivo. Os benefícios nem sempre são imediatamente óbvios e precisam ser buscados. Toda ideia criativa merece a atenção do chapéu amarelo.
 **Vermelho**	O chapéu vermelho está relacionado a intuição, sentimentos, palpites e emoções. Usar esse chapéu permite manifestar os sentimentos e a intuição sem a necessidade de justificativa, explicação ou apologia. Exemplos de expressões: • Meu pressentimento é que isso não vai funcionar. • Não gosto da maneira como isso está sendo feito. • Essa proposta é terrível. • Minha intuição diz que os preços vão cair em breve. Com esse chapéu os sentimentos podem vir à discussão com naturalidade e de forma aberta, o que tem muito valor.

	O chapéu azul está relacionado a controle da sequência de pensamentos e discussões, para que a reunião se torne mais produtiva. Com ele temos a metacognição, ou seja, o pensar sobre os pensamentos. Ao usá-lo devemos: • Não pensar diretamente sobre o assunto, mas sobre o "pensar" sobre o assunto. • Definir a agenda para pensar. • Sugerir o próximo passo na sequência de chapéus/pensar. • Solicitar resumo, conclusão ou decisão. Esse chapéu geralmente é utilizado pelo facilitador ou moderador para conduzir o uso dos demais chapéus e para concluir a reunião.
Azul	

Fonte: GRANDO, N. *Blog do Nei* – Seis chapéus para pensar melhor [Disponível em https://neigrando.wordpress.com/2013/07/02/seis-chapeus-para-pensar-melhor/ – Publicado em 02/07/2013 – Acessado em jul./2016].

Adaptando para a sala de aula, o professor divide a turma em grupos de seis componentes. Os membros dos grupos podem colocar o chapéu da cor selecionada, conforme descrição acima, de modo metafórico, objetivando que, individualmente, busquem pensar de acordo com o chapéu utilizado. O professor deverá delimitar um período de tempo razoável para que todos os participantes possam usar todos os chapéus.

O professor pode sugerir revezamento a cada três minutos, por exemplo, fazendo com que haja troca dos chapéus no sentido horário, até que os integrantes tenham usado todos os chapéus, pelo menos uma vez.

Outra possibilidade é que todos os alunos estejam com o chapéu da mesma cor, fazendo com que eles deem, ao mesmo tempo, suas opiniões, seguindo a característica da cor do chapéu, com exceção de quem usar o chapéu azul, que será o responsável pela abertura, pelo controle e pelas anotações da discussão. Este poderá sugerir, por exemplo, que todos utilizem o chapéu branco ao mesmo tempo. Assim, o grupo compartilhará informações objetivas, com base em fatos e números (previamente pesquisados ou utilizando a internet como fonte de pesquisa). Em seguida, poderá passar para o chapéu verde, buscando formas criativas de abordar o tema proposto, levando ideias etc., ou poderá utilizar o chapéu vermelho antes, por alguns instantes, para que os membros do grupo manifestem seus sentimentos acerca do problema ou do tema em questão. Então, o chapéu amarelo, para que as vantagens e benefícios das ideias levantadas sejam destacados. Em seguida, o preto, a fim de se avaliar as fragilidades das soluções apontadas, bem como os possíveis aspectos negativos. E assim por diante. Ou seja, os chapéus já utilizados podem voltar a ser colocados, se houver necessidade de retomar a questão, as informações e as ideias apresentadas em relação a determinado chapéu.

O integrante do grupo que ficou responsável por usar o chapéu azul, durante todo o tempo, poderá encerrar a discussão se o grupo sentir que já não possui mais ideias para apresentar. Então, o grupo poderá compilar as informações e sugestões levantadas durante a discussão, a fim de selecionar as ideias para a solução dos problemas, apontando seus pontos fortes e fracos.

Como avaliar

Ter mente aberta para avaliar é um quesito essencial, pois nesse tipo de trabalho, no qual se estimula o pensamento divergente, deve-se aceitar todas as ideias apresentadas, sem julgamento.

5
Mapa mental

O que é

O mapa mental permite que a organização do pensamento se dê de forma mais parecida com o que as nossas mentes fazem ao pensar, visto que nossos pensamentos não são realizados de forma linear, como este texto impresso.

No mapa mental colocamos a ideia principal ao centro e começamos a expansão ligando as ideias que surgiram por linhas que vão permitindo a abertura de outras ideias similares.

Como pode ser realizado

Visto que o exercício proposto neste item é o levantamento de solução de problemas, pode-se começar distribuindo folhas A4 ou A3, ou mesmo propondo que os alunos façam esse exercício ao computador, utilizando aplicativos como o Mindmeister, por exemplo. Ao centro da folha é colocado o problema para o qual se busca a solução.

O professor pode sugerir que as linhas seguintes conduzam à expansão de ideias que respondam: O quê? Quando? Como? Por quê? etc. Ou, ainda melhor, que os alunos pensem em várias soluções relacionadas ao problema e expandam suas ideias incluindo causas e efeitos, ou pontos fortes e fracos.

Vejamos, a título de exemplo, um problema comum nas grandes cidades: engarrafamentos. É um mapa mental simples, criado com o recurso do Google Desenhos. A ideia aqui é apenas apresentar um possível resultado visual de um mapa mental que os alunos da educação básica podem criar em conjunto. Nele, fez-se a opção de escrever o problema ao centro, ligando-se as possíveis soluções com setas. Para cada possível solução aventada, linhas foram desenhadas para apresentar pontos fortes e fracos dessa solução. Aqui, o mapa surge mais como efeito didático. Pode haver mais soluções para a problemática dos engarrafamentos diários nas grandes cidades, assim como uma possível solução pode apresentar vários fatores positivos e poucos negativos, e vice-versa.

Figura 1 Exemplo de mapa mental

Problema: Engarrafamentos diários nas grandes cidades
Possíveis soluções e pontos fortes e fracos das ideiais apresentadas

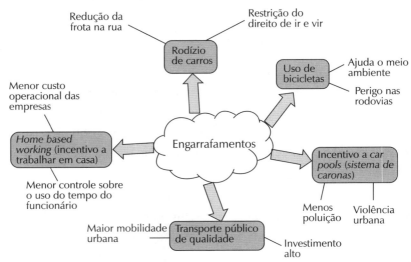

Criação da autora [Disponível em https://docs.google.com/drawings/d/13x5kx7INm0 ekw65Y1f4mVYEmwbsnuf-1l4Ado3KrcLM/edit?usp=sharing].

É importante que o professor incentive seus alunos a pensarem mais, a fazerem mais propostas, nunca rejeitando as ideias que surgirem nesse momento da atividade. Os alunos devem ser lembrados de que o momento é de ampliação de ideias, levantamento de soluções variadas, ainda que, em uma fase posterior, elas sejam invalidadas.

Como avaliar

O principal ponto a ser avaliado, obviamente, é a capacidade de ampliar horizontes, de pensar sobre um assunto em suas múltiplas possibilidades. Contudo, pode-se também avaliar a estética e a organização do trabalho apresentado.

6
Elaboração de mapas conceituais

O que é

A Teoria de Mapas Conceituais não é nova. Ela foi criada na década de 1970 por um navegador norte-americano, Joseph Novak, objetivando facilitar a administração de uma companhia de navegação.

Segundo seu criador, o mapa conceitual serve para organizar e representar o conhecimento, de uma forma geral. Ou seja, o mapa conceitual é uma representação gráfica de um conjunto de conceitos, de forma que as relações entre esses conceitos sejam evidentes.

A princípio, os mapas conceituais podem parecer muito semelhantes aos mapas mentais (vistos no capítulo anterior). Entretanto, os mapas conceituais estão estruturados na relação entre conceitos, os quais são explicitados por frases de ligação, formando proposições passíveis de análise lógica.

Geralmente os conceitos são destacados em caixas de texto, e a relação entre dois conceitos é representada por uma linha ou seta, contendo uma palavra ou frase "de ligação". Em resumo, os mapas conceituais têm por finalidade reduzir, analiticamente, determinado conhecimento a seus elementos básicos. Partem-se dos conceitos mais gerais posicionados no topo da estrutura para os conceitos menos gerais, na base.

Há aplicativos que podem auxiliar na elaboração de mapas conceituais (cf. ao final desta seção). Aqui apresentamos uma visão geral de como se deve elaborar um mapa conceitual. Ele pode ser feito com papel e caneta, considerando que muitas escolas não têm acesso à internet.

Como pode ser realizada

Basicamente, há três modelos de mapas conceituais: hierárquico, teia de aranha e fluxograma. Embora sejam modelos distintos, a base de como se deve organizar os conceitos nesses mapas é bastante similar.

Primeiramente, deve-se partir da palavra mais importante do projeto de construção do mapa conceitual. Essa palavra pode ser proposta pelo professor ou destacada de uma leitura ou dos estudos sobre determinado assunto em sala de aula. Essa palavra mais importante é que dará origem às demais, bem como servirá para estabelecer relação com outras palavras. No mapa isso é representado repetidamente pela trilogia "conceito – verbo – conceito", lembrando que um conceito pode estar relacionado a diversos outros.

Ao solicitar que os alunos criem mapas conceituais para que sejam avaliados, o professor busca identificar o que já sabem. Por meio dos mapas conceituais pode-se verificar como os alunos estruturam, hierarquizam, diferenciam, relacionam, discriminam e integram os conceitos que foram ensinados. Assim, eles evidenciam o que realmente estão aprendendo acerca de determinado conceito. A sugestão, portanto, é que o professor avalie qualitativamente, respeitando a individualidade de cada aluno, pois não haverá um mapa conceitual certo ou errado. Logicamente é necessário apontar para o nível de aprofundamento no assunto ou a necessidade de revisão de alguns conceitos. Contudo, a principal razão de um mapa conceitual é mostrar ao professor o grau de aprendizagem de seus alunos.

Há vários vídeos no YouTube mostrando como fazer um mapa conceitual. Será proveitoso se o professor escolher um ou mais e sugerir que seus alunos assistam aos vídeos para compreenderem o processo geral de criação de um mapa conceitual, antes de propor à turma sua criação.

Alguns aplicativos

1) **Cmap tools:** aplicativo gratuito para construção de mapa conceitual em forma de organograma: http://cmaptools. softonic.com.br/

2) **Mindomo:** aplicativo gratuito para aparelhos Apple. Permite trabalho off-line: https://itunes.apple.com/es/app/ mindomo-mind-mapping/id526684279?mt=8

3) **Mindmeister:** aplicativo que apresenta versão gratuita para aparelhos Apple e também permite funcionamento off-line: https://itunes.apple.com/es/app/id381073026?mt =8&affId=946545

4) **SimpleMind+:** também oferece versão gratuita, embora a paga tenha mais funcionalidades para aparelhos Apple: https:// itunes.apple.com/us/app/simplemind+-mapa-mental/ id305727658?l=es&mt=8

5) **Mindboard Classic:** permite instalação em sistemas android. Podem ser feitos desenhos, escrever com os dedos e fazer download do mapa conceitual em pdf: https:// play.google.com/store/apps/details?id=jp.osima.android. mindboardfree&hl=es

Como avaliar

Observar se os alunos estão relacionando, de forma inequívoca, os conceitos e as proposições, para que sejam passíveis de análise lógica.

7

Criação e compartilhamento de um *blog* individual ou da turma

O que é

Quando surgiu, o *blog* (do inglês *web log*, ou "diário da rede") era utilizado principalmente como um diário pessoal digital. Atualmente, um *blog* pode ser considerado um site que permite a atualização rápida com a postagem de artigos e textos diversos em diferentes mídias. São organizados de forma cronológica inversa, ou seja, a última postagem é a que aparece primeiro.

Um *blog* pode ser individual ou coletivo, focado em apenas um assunto específico ou ser mais generalista. Os leitores podem deixar comentários, interagir com os textos e compartilhar as postagens.

O uso de *blogs* como trabalho para os nossos alunos parte destas premissas: 1) uma das melhores maneiras de se aprender a escrever é, sem dúvida alguma, escrevendo; e, de forma semelhante, 2) uma das melhores maneiras de se aprender qualquer coisa é ensinando, escrevendo sobre o assunto para outras pessoas.

Como pode ser realizada

Ao propor que os alunos, de forma individual ou coletiva, mantenham um *blog* como espaço de compartilhamento de suas ideias, o professor possibilitará que eles escrevam para um "público real".

Os alunos podem se espelhar em *blogs* de jornais para compreenderem as diversas colunas e assuntos que possam ser de seu interesse. Assim, seu *blog* coletivo pode estar dividido por abas, nas quais cada aluno pode ter seu espaço ou ficar responsável por uma seção temática.

Para algumas realidades, talvez seja utópico solicitar que os alunos escrevam sobre economia ou política. Mas o professor pode elencar os interesses deles, pedindo que escrevam sobre eles.

Um exemplo de *blog* coletivo pode reunir vários "colunistas", englobando temas como séries de TV, jogos, carreira, entretenimento, música, acontecimentos locais, reclamações e sugestões para melhorar a cidade ou o bairro onde moram.

Ao buscarmos atrelar a atividade da escrita com situações reais de comunicação, incentivamos que a produção dos alunos seja mais significativa.

O *blog* da turma também pode favorecer o trabalho interdisciplinar. É bom que deixemos os alunos livres para escolherem e investigarem assuntos de seu interesse. Assim, as "colunas" do *blog* podem ser os próprios nomes das disciplinas escolares: Português, Matemática, Ciências, História, Educação Física, e assim por diante.

O interessante é que os alunos possam incluir material multimidiático, como vídeos, jogos, letras de música, imagens, indicações de outros *sites*, como portais de jornais ou mesmo outros *blogs*, além de eles mesmos exercerem autoria, com escrita, revisão e edição de seus próprios textos.

Como avaliar

O professor pode estabelecer seus próprios critérios de avaliação desse trabalho, os quais podem incluir, entre outros, os seguintes itens: correção gramatical, no sentido do uso da norma culta; pertinência dos assuntos abordados; organização; criticidade e processo de autoria – afinal, não basta utilizar o comando "copiar/colar" para seus *blogs*.

8
Criação de livro (impresso ou digital) sobre um determinado tema ou assunto

O que é

Até há algum tempo os professores encontravam dificuldade em publicar textos de seus alunos devido aos custos de impressão.

Hoje em dia, porém, além de o projeto de um livro impresso se tornar mais acessível em razão de seu barateamento, há professores que organizam atividades diversas de financiamento coletivo dos livros de suas turmas. Isso envolve atividades para arrecadação de fundos, vaquinhas online ou mesmo rateamento dos custos entre os integrantes de um determinado livro. Também há gráficas que trabalham com tiragens menores, como cem ou duzentos exemplares, por exemplo.

Além disso, o livro digital (*e-book*) também é uma boa opção, pois facilita a divulgação de projetos em forma de livros.

Como pode ser realizada

Esse é um tipo de trabalho que pode favorecer bastante o trabalho literário, com a publicação de poesias, crônicas e contos dos alunos em uma antologia, por exemplo. Obviamente, esse tipo de projeto não precisa ficar circunscrito à publicação literária. O professor pode sugerir que suas turmas escrevam pequenos artigos científicos com base em seus estudos do bimestre, partindo da observação de experimentos. Ou os alunos serem estimulados a escrever em gêneros diversos determinado texto que lerem, a fim de transformarem seus conhecimentos.

O *e-book* também pode reunir imagens diversas acerca de um tópico ou tema. A título de exemplo: na Secretaria de Educação onde leciono, recentemente houve um concurso de fotos de brincadeiras em grupos. Fiquei imaginando as várias fotos que foram enviadas para a comissão julgadora reunidas em um lindo livro digital, com as imagens e suas legendas compondo as páginas e sem custo algum, pois o livro pode ser organizado em PDF ou com o auxílio de ferramentas digitais.

Em toda a turma sempre há alunos que sabem desenhar bem e que podem trabalhar a imagem visual do projeto. Outros poderiam ficar responsáveis pela curadoria e organização dos textos e imagens. Um deles se responsabilizaria pela escrita do texto de abertura ou apresentação do livro. Assim, todos os alunos podem ser considerados autores. Inclusive, pode-se solicitar o ISBN do livro, registrando-o, e, assim, dando-lhe aparência de um trabalho realmente profissional.

Uma sugestão é que haja sessão de autógrafos, na qual os alunos falarão sobre o projeto e poderão expor a versão impressa ou, no caso de *e-book*, disponibilizar o texto para *download*. É uma forma de unir os mundos digital e presencial e valorizar o trabalho de todos os envolvidos.

Ferramentas digitais gratuitas para publicação de livro eletrônico:

1) http://www.livrosdigitais.org.br/ – Livros digitais é uma plataforma desenvolvida pelo Instituto Paramitas e pode ser uti-

lizada por alunos e professores para a criação e publicação. É uma ferramenta disponível em português e de fácil manuseio.

Nesse site o usuário pode formatar o seu livro, escolher modelos de capa e adicionar páginas com quatro *layouts* preestabelecidos, permitindo inserir textos e imagens. Após a finalização do projeto, o texto pode ser convertido em PDF, no formato A4, ou também é possível compartilhar a obra nas redes sociais.

2) http://papyrus.yourstory.com/pt – Papyrus é um editor online que permite a criação de livros digitais para serem exportados no formato PDF, Epub ou Kindle. Para começar um projeto pode-se escolher entre 25 modelos disponíveis. Com base nesses formatos o usuário poderá fazer adaptações, adicionar capítulos, inserir imagens e textos.

Embora seja possível trabalhar apenas em modelos pré-formatados, a ferramenta possui alguns recursos de customização, incluindo o estilo de texto, alinhamento, formatação e inserção de *links*.

Como avaliar

A própria seleção prévia dos textos que farão parte do livro já é uma forma de avaliação. Além disso, deve-se incluir a edição desses textos, obediência a prazos estabelecidos, bem como a colaboração das equipes para finalizar o trabalho.

Sugestões de livros sobre avaliação

ANTUNES, C. *A avaliação da aprendizagem escolar*. 10. ed. Petrópolis: Vozes, 2012.

HOFFMAN, J. *Avaliação*: mito e desafio. 44. ed. Porto Alegre: Mediação, 2014.

_____. *Avaliação mediadora*. 33. ed. Porto Alegre: Mediação, 2014.

_____. *Avaliar* – Respeitar primeiro, educar depois. 4. ed. Porto Alegre: Mediação, 2013.

LUCKESI, C.C. *Avaliação da aprendizagem escolar*: estudos e proposições. São Paulo: Cortez, 2011.

TEIXEIRA, J. & NUNES, L. *Avaliação escolar*: da teoria à prática. Rio de Janeiro: Wak, 2008.

WERNECK, H. *Avaliação*: perguntas e respostas. 2. ed. Rio de Janeiro: Wak, 2015.

Conecte-se conosco:

 facebook.com/editoravozes

 @editoravozes

 @editora_vozes

 youtube.com/editoravozes

 +55 24 2233-9033

www.vozes.com.br

Conheça nossas lojas:

www.livrariavozes.com.br

Belo Horizonte – Brasília – Campinas – Cuiabá – Curitiba
Fortaleza – Juiz de Fora – Petrópolis – Recife – São Paulo

EDITORA VOZES LTDA.
Rua Frei Luís, 100 – Centro – Cep 25689-900 – Petrópolis, RJ
Tel.: (24) 2233-9000 – E-mail: vendas@vozes.com.br